El mundo
os necesita

Ediciones Palabra
Madrid

Imagen de cubierta: © 2024 Heirs of Josephine Hopper / Licensed by Artists Rights Society (ARS), NY/ VEGAP

© Jesús María Silva Castignani, 2024

© Ediciones Palabra, S.A., 2024
   Paseo de la Castellana, 210 - 28046 MADRID (España)
   Telf.: (34) 91 350 77 20 - (34) 91 350 77 39
   www.palabra.es
   palabra@palabra.es

Diseño de cubierta: Equipo editorial
ISBN: 978-84-1368-389-8
Depósito Legal: M-21.771-2024
Impresión: Gohegraf, S. L.
Printed in Spain - Impreso en España

Jesús María Silva Castignani

El mundo os necesita

Vocación y espiritualidad de las personas solteras

MUNDO Y CRISTIANISMO

*A mi hermana Susana,
la mujer fuerte que ha superado
tantas dificultades en la vida
y que es luz para toda nuestra familia.*

ÍNDICE

PRÓLOGO

Recibí con alegría y sorpresa el libro del P. Jesús Silva *El mundo os necesita*. La Iglesia española ha convocado un Congreso nacional sobre la Iglesia como asamblea de llamados, queriendo impulsar lo que san Juan Pablo II llama una cultura vocacional. Queremos lanzar a la Iglesia y a la sociedad una pregunta: ¿para quién soy?, que ayude a responder de una manera indirecta a uno de los interrogantes de nuestro tiempo: ¿quién soy?, para cuya respuesta se ofrecen tantas palabras engañosas.

En las reuniones de preparación de este congreso, alguien planteó una cuestión: «¿Qué pasa con nosotros los solteros, somos personas sin vocación?». El libro que el lector tiene entre sus manos ayuda a resolver este interrogante. La vida es vocación, esta es nuestra intuición primera. La vida se nos ha regalado, es don, somos porque hemos sido amados y llamados. Todos somos vocación. Es verdad que, en la Iglesia, al hablar de las vocaciones, el pensamiento y la mirada se nos va a formas vocacionales concretas y, a veces, perdemos de vista que toda vida humana forma parte del plan de Dios, que toda vida humana es vocación.

El libro *El mundo os necesita* ayuda a caer en la cuenta de este dato tan importante, pero, además, subraya la importancia del bautismo y su fruto, la condición de hijos y hermanos, que siendo un regalo es también una llamada a ensanchar la filiación y la fraternidad en la Iglesia y en el mundo. También el texto nos ayuda a caer en la cuenta del significado esponsal de todo cuerpo humano. Hay un desposorio, el matrimonial, que es signo de alianza y cauce de la transmisión de la vida. Pero también el célibe es cuerpo esponsal llamado a la entrega y a otra forma de fecundidad.

La espiritualidad del soltero pone un acento grande en la vivencia de la castidad, una virtud que todo bautizado ha de cultivar, también los esposos, para poder participar de la mirada y la forma de relacionarse de Jesucristo, que es una mirada virginal que no quiere una relación posesiva y contempla al otro en el proyecto que Dios tiene para él. Qué importante así el testimonio de solteros que cultivan, desde la virtud de la castidad, una forma nueva y libre de relacionarse con los demás.

Una novedad importante del libro del padre Silva es la manera de hacer el discernimiento vocacional en personas que se quedan solteras. Podríamos decir que este discernimiento no pone tanto el acento en la búsqueda en la opción de cada persona, sino en la capacidad de releer la propia historia, los acontecimientos muy diversos de carácter familiar, social, antropológico. Estas circunstancias de la vida personal, leídas con el corazón iluminado por la pasión del corazón de Cristo, pueden ayudar a caer en la cuenta de que, a través de hechos, algunos ni buscados ni queridos, se puede descubrir la traza del plan de Dios que lleva de la mano para poder asumir una forma de vida en la que la soledad del soltero queda transformada en un reconocimiento de todo lo que el bautismo significa en la vida de una persona.

La vocación de las personas solteras no puede separarse del común dato bautismal de todos, ni de lo que la Iglesia ha descubierto, en las últimas décadas, respecto al significado de la vocación laical como militancia cristiana o ejercicio de la caridad social y política en medio del mundo. El descubrimiento de unos nuevos vínculos y la libertad de un corazón plenamente casto ayuda a las personas que descubren su vocación en la soltería a vivir una singular entrega en la comunión y la misión de la Iglesia.

Así como a lo largo de estos años la Iglesia trata de superar una definición negativa de la vocación laical —quien no está ordenado ni consagrado—, el autor del libro ayuda también a superar una condición negativa de la soltería —quien no ha encontrado alguien con quien casarse— para descubrir, muchas veces desde un recorrido de dificultades y quizá de algún fracaso, un nuevo rostro vocacional, un ámbito donde expresar con todas sus consecuencias la condición filial y fraterna de los bautizados, una manera de poder expresar con toda la anchura la condición esponsal de cada persona y un cauce para poder servir desde la Iglesia al anuncio del Reino de Dios.

Agradezco al padre Jesús Silva esta valiosa aportación para promover la conciencia y cultura vocacional que la Iglesia misionera necesita y nuestra sociedad de la autonomía y los derechos reclama aun sin saberlo.

Luis J. Argüello, arzobispo de Valladolid,
presidente de la CEE

PREFACIO

Tanto en mi labor pastoral como en mis redes sociales me he encontrado con muchas personas que, por diversas circunstancias, se han quedado solteras. He acompañado a estas personas, que muchas veces han vivido con incomprensión y dolor su situación, a veces machacándose a sí mismas, pensando que lo han hecho mal, que ya se les ha pasado el tren de la vida, que algo se ha estropeado irremisiblemente...

Esto me ha llevado a escribir este libro. Porque, en ese acompañamiento, ayudando a esas personas a reflexionar y a orar, hemos descubierto que, en su soltería, Dios les estaba llamando a algo más que a la resignación. Hemos descubierto una nueva perspectiva sobre la soltería en la Iglesia.

La espiritualidad de la Iglesia va avanzando con el tiempo, y vemos con sorpresa cómo el Señor se adapta a las nuevas circunstancias y suscita nuevos modelos de vida, nuevos estilos vocacionales, vemos cómo Dios se sirve de todo y de todos, cómo es capaz, siempre, de sacar un bien del mal. Por eso creo que este libro puede aportar mucho a las personas cristianas que se han quedado solteras. Y también a los sacerdotes y a los que acompañamos a estas personas, para ayudarnos a mirar un poco más allá y así ofrecerles una mirada sobre su propia vida que quizá ellos no tienen.

Te pido que leas el libro despacio. Es breve, y he intentado ser sintético, pero muchas de las cosas que digo en él son profundas y merecen meditación y lectura atenta y comprensiva. Como siempre, mis fuentes han sido la Sagrada Escritura, la Tradición y el Magisterio de la Iglesia. No tenemos que buscar en otras fuentes, pues en ellas tenemos todo lo que necesitamos como cristianos. La gran innovación en la historia la hizo Cristo. A nosotros nos toca solo tirar del hilo, sacar las consecuencias y aplicarlas al tiempo presente.

Eso es lo que yo he intentado hacer con este libro, para haceros comprender a los solteros que no tenéis una vocación «de segunda» —como digo varias veces en el libro—. Espero que os ayude a ver vuestra grandeza personal como bautizados, como hijos de Dios que le pertenecéis, con una misión en este mundo, llamados a la santidad y a transformar nuestra tierra para hacer presente en ella el Reino de Dios. El mundo lo necesita. El mundo os necesita.

Capítulo 1

¿EXISTE UNA VOCACIÓN
A LA SOLTERÍA?

La vocación a la soltería es una cuestión que se ha discutido mucho, sobre todo en los últimos años. Con anterioridad no había sido objeto de discusión, debido a que no se había visto la necesidad. Pero en el mundo actual no pocas personas se quedan solteras, ya sea porque no se casan, o porque se separan de sus parejas, o porque experimentan atracción hacia personas del mismo sexo, etc. La palabra «célibe» en latín significa simplemente «soltero». Desde los primeros escritos cristianos se consideraba que los solteros eran simplemente célibes: personas que no se casaban para poder entregarse al reino de Dios. Esto se hacía patente en los que estaban llamados al sacerdocio (aunque no todos permanecían célibes) y en las doncellas que permanecían vírgenes toda la vida como una forma de consagración a Dios, así como en las viudas que no se volvían a casar[1].

Esta concepción pasó a la historia de la Iglesia en forma de lo que se llamó la «vocación de estado»: el estado de vida al que cada uno se sentía llamado en la Iglesia. Y tradicionalmente

---

[1] Cfr. *1 Corintios* 7.

en la Iglesia se han considerado tres vocaciones de estado: al sacerdocio, a la vida consagrada y al matrimonio. Así ha sido durante siglos, pero ahora, debido a las nuevas circunstancias de nuestros tiempos, no pocas personas quedan simplemente solteras y no pueden acceder —o no se sienten llamadas— a ninguna de estas tres vocaciones. Hay incontables casos que no podemos consignar aquí, pero que han llevado a la existencia de un número cada vez mayor de creyentes solteros que no encajan en los moldes de las vocaciones al sacerdocio, a la vida consagrada o al matrimonio.

Sin embargo, si hemos de responder a la pregunta de si existe una vocación a la soltería, de primeras hemos de responder que no. Eso no quiere decir que las personas solteras no tengan una vocación, como iremos explicando; quiere decir que en el designio original de Dios se contemplaban estas tres formas de entrega. El Catecismo de la Iglesia Católica, así como los demás documentos del Magisterio (por el momento), no hablan de una «vocación a la soltería». Sí se refieren repetidas veces a la vocación al matrimonio, al sacerdocio o a la vida religiosa. Podemos resumir diciendo que en el plan original de Dios existe el designio de que cada uno entreguemos la vida en un *compromiso para siempre* a través de alguno de los cauces instituidos en la Iglesia.

Es importante comprender lo que significa esto. Si se entiende la vocación a la soltería como una llamada de Dios a disponer de mi propia vida y mis bienes, a hacer lo que me dé la gana, a enriquecerme, a vivir despreocupado de todo compromiso, a vivir una existencia individualista y egocéntrica, comprendemos claramente por qué no existe una vocación a la soltería como tal. Hay personas que, cuando me han planteado si existe una vocación a ser soltero, más bien querían saber si existe una vocación a ser un solterón. La respuesta es: no. En la sociedad individualista de hoy, muchas veces se ensalza la total autonomía y la soledad como un estilo de vida deseable para librarse de complicaciones. Pero no es esta la voluntad de Dios. «El que quiera guardar su vida, la perderá; pero el que la entregue por mí, la encontrará»[2]. Estas son las categorías de Dios. No guardar la vida, sino entregarla, de algún modo perderla, para poder así encontrar la verdadera vida, la vida eterna. Y esto se realiza ordinariamente mediante alguna de las tres vocaciones de estado.

Hecha esta puntualización, este libro habla sobre las personas que *se quedan solteras*. No aquellas que eligen una vida de comodidad justificándolo al decir que es lo que Dios les pide, sino aquellas que por circunstancias no encajan en ninguna de las tres vocaciones de estado.

— Hay personas que se han convertido al cristianismo ya con una cierta edad, y debido a su historia vital —edad, hijos u otras circunstancias—, no van a poder realizarse en una vocación sacerdotal, consagrada o matrimonial.

— Hay personas que se han dedicado a cuidar a sus padres enfermos o a algún familiar, y que no han tenido tiempo para formar una familia propia, o no han podido plantearse ninguna vocación porque la necesidad de esas personas era su prioridad.

— Hay personas que pueden tener alguna dificultad, quizá una enfermedad o discapacidad, o algún otro aspecto que hacen inviable su vocación al matrimonio o al celibato.

---

[2] *Mateo* 16, 25.

— Hay personas que tienen dificultades de identidad y de orientación sexual y que, como dice el Catecismo de la Iglesia Católica, están llamadas a la castidad total, y por tanto permanecen solteras.

— Hay personas que arrastran heridas emocionales que les han impedido durante mucho tiempo comprometerse en alguna de las tres vocaciones de estado, y han quedado finalmente solteras.

— Hay personas que han vivido en matrimonio, pero finalmente se han separado, y de algún modo viven la soltería, o bien porque su matrimonio sea válido y no tienen posibilidad de casarse, o bien porque su matrimonio es nulo pero no se sienten llamadas a unirse a otra persona.

— Hay personas que se quedan viudas, y que no se sienten llamadas a un nuevo matrimonio o que, por edad u otras circunstancias, no pueden acceder a él.

— Hay personas que han sido consagradas pero que, por las circunstancias que sea, han tenido que dejar ese modo de vida y ahora viven como solteros en medio del mundo.

— Hay personas que, por más que busquen, no encuentran su vocación y acaban quedándose solteras.

— Hay personas que buscan a alguien con quien casarse, pero no lo encuentran; personas que quizá han estado muchos años en pareja y, finalmente, no se han casado, o que no han llegado a encontrar a la persona adecuada.

Seguro que hay muchos más casos que se podrían aducir aquí. Estas personas no tienen una vocación «de segunda». Si bien es cierto que el designio original de Dios para el hombre es entregar la vida en un compromiso, también es cierto que este mundo no es ideal ni perfecto, está herido por el pecado original, y eso hace que la vida se complique muchas veces hasta extremos insospechados. Por eso, si bien Dios de primeras no llama a ninguna persona a ser soltera, sí que tiene un plan, una vocación, un propósito, para las personas que por diversas circunstancias *se han quedado solteras*. Esta es la situación que vamos a abordar en este libro.

Porque Dios ama a todos sus hijos, los ama a todos por igual, y con todos quiere hacer una historia de salvación que nos lleve a la plenitud personal y a la felicidad, ya en esta vida y también en la vida eterna. No importa cuál sea la circunstancia de cada uno, Dios nos ama y nos llama a todos. Él nos acompaña, nos guía, nos conforta y nos hace plenos, siempre y cuando busquemos sobre todo su voluntad. Porque, en el fondo, la vocación no es otra cosa que buscar y cumplir la voluntad de Dios. Y Él tiene una voluntad sobre nuestra vida. Lo puedes llamar como quieras: plan, misión, propuesta... Y quiere que respondamos libremente a esa llamada. Porque la voluntad de Dios es que seamos felices, y por eso, si buscamos, ante todo, lo que Dios quiere, llegaremos a serlo, sean cuales sean nuestras circunstancias.

Se ha usado muchas veces la imagen de Dios como un GPS. Está claro que, como cualquier metáfora, también esta tiene sus límites. Pero nos puede ayudar a comprender mejor nuestra situación en el plan de Dios. Él quiere que lleguemos al «destino»: la felicidad, la vida eterna. Nos traza un camino, pero a veces nosotros nos desviamos; y Él recalcula para que, por otros caminos, lleguemos al mismo fin. A veces no se trata de que nos desviemos, sino de que encontramos «calles cortadas», atascos, obras... que nos obligan a tomar otros caminos, los que podemos, los que vamos encontrando. Pues bien, no importa lo que nos «alejemos» de la «ruta ideal», Dios siempre va a «recalcular» para llevarnos por nuevos caminos a la felicidad que anhelamos.

Esta es una buena noticia. Si eres una persona soltera, Dios no te llama a que te amargues pensando cómo podría haber sido tu vida, qué has «hecho mal» ni a que mires la vida de los demás con envidia o desesperanza. No estás condenado a ser menos feliz que nadie. No has «perdido el tren de la vida». No estás llamado a una insana resignación. Todos estos planteamientos son estratagemas del enemigo, que quiere quitarte la paz, la esperanza, impedir tu felicidad. Él siempre nos tienta con «lo que pudo ser y no fue», con los «¿y si hubiera...?» con que miremos a los demás y nos comparemos; nos mueve a dudar de Dios, y a acusarnos a nosotros mismos —la palabra Satán en hebreo significa «el que acusa»[3].

El enemigo quiere que bajemos la cabeza, nos encojamos de hombros y miremos al pasado, a la vida que «podríamos haber tenido», en lugar de mirar a la vida que de hecho tenemos y que es un regalo de Dios, en la que Él nos llama a una plenitud insospechada. El pasado no existe, está ya en la misericordia de Dios. Solo existe el presente, y según cómo lo vivamos y lo labremos, así será nuestro futuro. Por eso es tan importante sacudirse estas mentiras del enemigo y tomar las riendas de nuestra vida. Y ponernos a la escucha de Dios para que Él nos diga qué quiere de nosotros, hoy, aquí, ahora.

Basta de lamentaciones o de preguntas sin respuesta, de autocompasión y de lamerse las heridas. El enemigo se hace fuerte en nuestra tristeza y nuestro miedo para que bajemos la cabeza y levantemos los hombros, resignados. Por el contrario,

---

[3] Cfr. *Apocalipsis* 12, 10.

Jesús nos dice: «Levantaos, alzad la cabeza: se acerca vuestra liberación»[4]. Vamos, pues, a levantar el corazón al Señor, y a pedirle luz para saber a qué nos llama, cuál es nuestra vocación, en nuestras circunstancias particulares. La vida no se agota en la vocación a la vida consagrada o al matrimonio. Dios tiene también un plan para las personas que se han quedado solteras. Y en este libro vamos a descubrir cuál es.

---

[4] *Lucas* 21, 36.

Capítulo 2

ASUMIR LA PROPIA HISTORIA

Este capítulo es proporcionalmente mucho más largo que el resto, porque en él vamos a hablar largamente de las circunstancias por las que habéis podido pasar los que estéis leyendo el libro.

Ya hemos visto que no hay una vocación a la soltería, sino personas que, por diversas circunstancias, se quedan solteras. Pues bien, antes de descubrir la belleza de tu propia vocación siendo soltero, aquello a lo que te llama el Señor, es muy importante que des un paso: asumir tu propia historia. Muchos cristianos que se han quedado solteros me cuentan historias difíciles, a veces enrevesadas, en las que casi siempre hace aparición la frustración por un proyecto que de algún modo se percibe como truncado.

Cuando planteé la publicación de este libro, muchas personas solteras, por redes sociales, me mostraron su deseo de que lo escribiera, ya que de algún modo no encontraban el sentido de su vida, querían saber los porqués, querían saber cómo poder realizarse en su situación particular. Eso indica un cierto *vacío pastoral* en la atención a las personas solteras, que este libro quiere ayudar a llenar. Porque lo cierto es que, salvo que uno sea un «solterón vividor», a nadie le gusta quedarse soltero.

La vida es dura

Es necesario asumir este primer punto. A veces habrá gente que te dirá: «No pasa nada», o «no te preocupes, que no estás solo», o «Dios sabrá por qué», u otras frases vacías que te dejan igual. Yo no te voy a hacer eso. Asumo contigo que es frustrante que te quedes soltero. Como hemos dicho, esa opción no corresponde al deseo de tu corazón, a la vocación ideal que Dios ha puesto en él. Es así. La vida es difícil, complicada. Está lejos de ser ideal. Y no quito un ápice al sufrimiento y a las preocupaciones que te puede producir el quedarte soltero. Es por eso precisamente por lo que creo que es importante, antes de continuar, asumir la propia historia. Tu historia, con sus imperfecciones y frustraciones.

Te concedo esto. Pero también tengo que decirte que la vida en cualquier vocación de estado también tiene frustraciones. En ocasiones llega a ser muy frustrante. Que se lo digan a un padre que ya no puede con la casa y con cuatro niños y que de pronto se entera de que su mujer está embarazada de nuevo. O al sacerdote que trabaja en su parroquia, pero no ve frutos y se siente solo y fracasado. O a la religiosa que descubre que sus hermanas de comunidad no son precisamente perfectas y pasa por una profunda aridez interior. O a cualquier cristiano que pasa por una crisis de fe, una sequedad espiritual, o que de pronto se plantea si se ha equivocado de vocación.

A veces corremos el riesgo de ver la vida de los demás como si fuera ideal. Y a esto precisamente no ayudan las redes sociales. Vemos una foto de una familia sonriente, con tres hijos como querubines mirando a la cámara. Pero no vemos lo que hay detrás. Llevan un mes durmiendo en camas separadas, el hijo mayor tiene TDAH y el hijo menor, terrores nocturnos. La suegra no para de meter las narices en la casa, y un cuñado es alcohólico.

En el trabajo no ha habido ascenso y a ella le han encontrado un quiste en el ovario. No todo lo que parece ideal lo es.

Aceptar la frustración

¿No es así la vida? ¿Diremos que todo esto no les causa frustración a esta maravillosa familia que sale en las fotos como para enmarcar? Seguramente en ese momento, tanto él como ella se sentirán frustrados. Y NO PASA NADA. Es parte de la vida. Este es un problema de nuestra generación: no nos han enseñado a tolerar la frustración. Nos han hecho creer que la vida feliz, la vida perfecta, no tiene ni un gramo de frustración. Y eso es mentira. Eso sería como creer en el cielo en la tierra. No, amigos. Esto no es cielo.

Cuando la Virgen se le apareció a santa Bernardita en Lourdes, le dijo: «No te prometo la felicidad en esta vida, sino en la siguiente». ¡Bendita sinceridad la de nuestra Madre del cielo! No engañó a aquella joven con falsas promesas. ¿Eso quiere decir que no se puede ser feliz en esta vida? ¡Claro que se puede ser feliz! Y mucho. Pero nunca estará todo perfecto. Siempre habrá momentos de angustia, limitación, dolor, enfermedad, dudas, que empañarán esa felicidad, que la harán disminuir. Y habrá momentos en que no seas feliz. Porque la felicidad es un proceso que comienza en este mundo y termina en el otro.

Es cierto que la felicidad, como dicen muchos, es un «estado» y no un sentimiento. Uno puede *ser* feliz sin *sentirse* feliz. Porque la felicidad proviene de saber que eres lo que estás llamado a ser, que estás donde estás llamado a estar y que estás haciendo lo que estás llamado a hacer. Otros expresan la idea de que la felicidad no es hacer lo que se quiera, sino querer lo que se hace. Esta me gusta menos, porque me sabe a resignación. Prefiero la primera definición. Y esta nos vale a todos. También a los solteros.

Aun así, yo creo que la definición más acertada de la felicidad es la que dio D. José Ignacio Munilla en la red social X (antes Twitter): «La felicidad no es un fin en sí mismo, sino la consecuencia de entregarse a un ideal verdadero». Un sacerdote puede estar pasándolo verdaderamente mal porque en su parroquia le va fatal y encima se ha enamorado de una feligresa. Se sentirá seguramente frustrado. Si le preguntamos, probablemente nos dirá que no es feliz. Quizá más apropiadamente nos dirá que *en ese momento no se siente feliz*. Es un bache, una prueba, una frustración.

Pues bien, es necesario asumir y aceptar la frustración. Es lo que hay. La vida es dura. Y no debemos dejar que ese sentimiento determine nuestra vida, sino seguir adelante en lo que sabemos que Dios nos pide, porque solo así podremos salir del bache, relativizar la frustración, llegar a ser felices. Ese sacerdote debe concentrarse en saber qué es lo que está llamado a ser: sacerdote; es su vocación, que es irrevocable. Debe darse cuenta de que está donde está llamado a estar, siempre y cuando esté poniendo los medios para no amargarse, y realmente la Iglesia le llame a estar allí. Debe considerar que está haciendo lo que está llamado a hacer: abrazar su celibato y amar a Dios más y más, entregándose a Él y renunciando a la persona de la que se ha enamorado. Y quizá tenga que hacer más cosas, como cambiarse de parroquia, o reavivar su vida espiritual, o hacer terapia, o alguna cosa más. Así estará en el *proceso* que lleva al *estado* de felicidad.

¿Para qué sirve la frustración?

Como ves, la felicidad no es tan fácil. Yo como sacerdote lo he pasado muy mal, me he sentido muchas veces frustrado y ha habido momentos en que no me he sentido feliz. Pero gracias a Dios y a la gente que Él ha puesto en mi camino, me he dado cuenta de que hay algo más importante que mis pensamientos o sentimientos: la voluntad de Dios. Y que esta no se mide por la frustración, sino por el discernimiento y la oración. Y que, si quiero ser realmente feliz, lo que tengo que hacer no es lamentarme, sino perseverar. ¿Cuánta gente conoces que, de puertas para adentro, tenga realmente una vida ideal? No sé si conocerás a alguno. Y puede que, si lo conoces, no lo conozcas a fondo. Yo conozco alguno que sí cree tener una vida ideal, pero es porque se engaña a sí mismo. Se ha conformado, o no quiere mirar más allá. Pero el tiempo hace su trabajo. Y tarde o temprano, la frustración aparecerá.

¿Para qué? Para hacernos mirar más allá, para fortalecer nuestra fuerza de voluntad, para recordarnos que esto no es el cielo, para estimular nuestro esfuerzo, para que tengamos algo que ofrecer, para que nos santifiquemos, para que mejoremos, para que no nos quedemos estancados en la vida, para no creernos mejores que los demás, para tensarnos hacia el ideal, para que pongamos de nuestra parte, para que nos demos cuenta de que sin Dios no podemos nada, de que le necesitamos. ¡Qué útil es la frustración para la felicidad! Paradójico, ¿verdad? Pero cierto. Apuesto a que nunca habías visto la frustración de esa manera. La vida es dura. Y no pasa nada. Jesucristo no nos prometió en el Evangelio una vida de rosas y nubes de algodón. «La vida no es todo rosas y flores»[1].

Procesar el duelo

Todo lo dicho no quita para que estas situaciones sean duras. El hecho de que te quedes soltero no deja de ser algo que

---

[1] Venerable Gianluca Firetti, *Spaccato in due* (Edizioni San Paolo, Milán 2015), p. 59.

seguramente te afecta y te duele, un deseo frustrado. Ya hemos visto que la frustración en sí no es mala, y que es necesario sacar de ella cosas buenas. Pero no quiero ni por un momento que pienses que te digo que no pasa nada, que no tienes por qué sufrir ni por qué llorar. Eso no es así. Hay muchas cosas en nuestra vida que nos pasan y que no entendemos, y no comprendemos por qué Dios las permite. Es necesario enfadarse, entristecerse, llorar, compartirlo con gente a la que amamos y así procesarlo. El duelo no necesariamente se vive solo cuando uno pierde a un ser querido. Hay muchas cosas que requieren un duelo. Y desde luego, una muy importante es «lo que pudo ser y no fue».

Ya te he dicho que es muy importante no quedarte atrapado en ese fantasma; pero eso no significa no llorar y lamentarse por algo que ha sucedido. Sería inhumano pretender eso, y si hay algo humano, eso es nuestra fe. En ese proceso por el que te invito a mirar al pasado para aceptar, agradecer, aprender y cerrar, es muy importante, en el primer paso, llorar, lamentarse, preguntarse por qué, enfadarse, lo que sea necesario. Pero no quedarse ahí.

Una vez sufrido el duelo, es necesario continuar con los siguientes pasos adelante. Porque el pasado no va a cambiar. Esto puede resultar extraño. Hay gente que dice: «Si el pasado no va a cambiar, ¿por qué lamentarse por él?». Esta postura es totalmente inhumana. Precisamente nos lamentamos porque algo malo ha ocurrido y no lo podemos cambiar. Ese es el motivo. La tristeza es algo bueno, que nos manifiesta qué amamos, la seriedad e importancia que damos a las cosas y a las personas, la compasión que hay en nuestros corazones; dolerse por uno mismo es un signo de que nos amamos como Dios nos ama, ya que Dios también se duele con nosotros, es decir, se compadece. Dios quiere que te ames como Él te ama. Por eso tienes derecho a sufrir y lamentarte.

Sé que este discurso va totalmente en contra del mantra del «pensamiento positivo», pero creo que no somos conscientes de la importancia de permitirnos sentir los sentimientos que tenemos sin juzgarlos, criticarlos ni reprimirlos. Los sentimientos son una reacción espontánea de nuestra naturaleza humana, no son buenos ni malos, simplemente están ahí. «Es que no quiero caer en la autocompasión, en lamerme las heridas, en el victimismo». ¿Es malo compadecerse de uno mismo? ¿Curarse las heridas? ¿Ser víctima? No tiene nada de malo; de hecho, es bueno. Lo que no es bueno es quedarse ahí, claro. Eso es evidente. Pero hoy muchas veces ni siquiera nos permitimos sentir, y esos sentimientos no vividos y procesados se van acumulando hasta que estallan por algún lado.

Así que vive tu duelo, con tranquilidad y sosiego. Como dice el salmo: «Anota en tu libro mi vida errante, recoge mis lágrimas en tu odre, Dios mío»[2]. San Agustín decía: «Corrían mis lágrimas, y me iba bien con ellas»[3]. «Había en la ciudad una mujer pecadora pública, quien, al saber que estaba comiendo en casa del fariseo, llevó un frasco de alabastro de perfume, y poniéndose detrás, a los pies de él, comenzó a llorar, y con sus lágrimas le mojaba los pies»[4]. ¡Qué hermoso es llorar en la presencia del Señor! Él está con nosotros, nos ama y se compadece de nosotros. «Así habla el Señor: he oído tu plegaria y he visto tus lágrimas y voy a curarte»[5]. Déjate, pues, acariciar por la mano de Dios

---

[2] *Salmo* 56, 8.

[3] SAN AGUSTÍN, *Confesiones*, 9, VI, 14.

[4] *Lucas* 7, 36ss.

[5] *2 Reyes* 20, 5.

que «enjugará las lágrimas de todos los rostros»[6] y deja atrás, desprendiéndote, cuando hayas pasado el duelo, lo que hubiera sido posible en tu vida, y asume tu soltería con grandeza de ánimo y esperanza.

Se puede ser feliz

Bien sentado esto, quiero insistir en que en la vida se puede ser muy feliz y estar muy contento, que hay inmensas satisfacciones y que no digo que todo sea sufrimiento, dolor y frustración; y, sobre todo, que cuando uno vive en el Señor, hay una paz de fondo que nada ni nadie te puede quitar. Es necesario, pues, querido amigo soltero, que asumas tu propia historia. No desde el derrotismo. No pensando: «Tendría que haber seguido con Fulanita», o «si no hubiera hecho esto, ahora no estaría soltera» o «¿y si en vez de irme a Londres me hubiera quedado en España?». A ese tiempo verbal yo le llamo el «pasado irreal». No existe, no tiene sentido, no lleva a nada. ¿Qué sabes tú «qué hubiera pasado si...»? ¿Para qué te sirve dar vueltas a eso? ¿A qué te va a llevar? ¿A la culpabilidad, a la autoacusación, a la depresión, a la frustración? ¿Qué pasa, te gusta sufrir? ¿O te crees dueño del tiempo como si fueras Dios?

El pasado, pasado está. Queda en la misericordia de Dios. Nosotros no estamos llamados a juzgarnos a nosotros mismos. Repito. Nosotros no somos quienes debemos juzgarnos. Es Dios quien nos juzga. Y lo hace con muchísima más benevolencia que nosotros mismos. «Mi juez es el Señor. Así que no juzguéis nada antes de tiempo hasta que venga el Señor»[7]. «En caso de que nos condene nuestra conciencia, recordad que Dios es mayor

---

[6] *Apocalipsis* 21, 4.
[7] *1 Corintios* 4, 4—5.

que nuestra conciencia y conoce todo»[8]. El acusador, ese es el que señala al pasado y te hunde en la miseria. ¡Mándalo lejos! Como dice la medalla de san Benito: «¡Que la Cruz santa sea mi luz! ¡Que el dragón no sea quien me guíe!». Y yo añado: «Dios mío, líbrame del demonio de lo que pudo ser y no fue»[9].

¿Cómo asumir nuestro pasado? Bien. En relación con la soltería, está claro que hay una serie de circunstancias que te han llevado a quedarte en este estado. Quiero que las repases, las mires y les pongas nombre, sin caer ni en la autocompasión ni en el juicio. Simplemente diciendo: «Sí, así fue. Quizá podría haberlo hecho mejor, pero lo hice lo mejor que pude y supe. El pasado, pasado está. Solo miro a estos acontecimientos para asumir mi historia, pedir perdón a Dios si es necesario, ver todo lo que he aprendido y centrarme en el presente con gratitud y esperanza».

Y así echar una última mirada a las circunstancias que te han llevado a quedarte soltero o soltera. *Última*. Para reconocer, aprender y cerrar. Para vivir mirando al presente, no como la esposa de Lot que se convirtió en estatua de sal porque estaba mirando hacia atrás y no hacia adelante[10]. «Nadie que pone la mano en el arado y mira hacia atrás es apto para el Reino de Dios»[11]. Como ves, el Señor no se anda con rodeos.

La vida loca

¿Cuál es tu caso? Quizá has vivido «la vida loca», una vida de consumismo y frenesí, cegado por lo que el mundo nos dice que

---

[8] *1 Juan* 3, 20.

[9] Jesús María Silva Castignani, *Cuentos y Poemas. Volumen 1* (Madrid 2023), p. 27.

[10] Cfr. *Génesis* 19, 26.

[11] *Lucas* 9, 62.

nos toca vivir, y luego te has dado cuenta de que eso no te hacía feliz y «se te ha pasado el arroz», y cuando has querido encontrar a alguien con quien compartir la vida, no lo has encontrado; o quizá el cambio o la conversión la has tenido ya con una edad o unas consecuencias, como, por ejemplo, algún hijo, que ha hecho inviable una vocación de estado como el matrimonio o la vida consagrada. Bien, pues te toca asumir que esa es tu historia.

El Señor te ha creado libre, y tú has tenido que usar así tu libertad para poder darte cuenta finalmente de que nada de ello te llenaba. Y ese camino ha sido tu camino, permitido por Dios, para que finalmente cayeras en sus brazos. No *querido* por Dios, sino *permitido* por Él. ¡Bendito camino, que te ha llevado a reconocer al Dios vivo! ¿Qué has aprendido en este camino? ¿En qué has crecido? Si has tenido hijos, ¿no son un regalo precioso? ¿O acaso los cambiarías? Si este camino ha sido necesario para que hayas acabado descubriendo al Señor, ¡bendito sea! Imagina cómo sería tu vida *si además no le hubieras encontrado*.

En una cárcel en Pedernales, República Dominicana, cuando estuve allí de misiones, tuve la oportunidad de hablar con los presos. Había uno que era muy religioso, invitaba a sus compañeros a rezar, cantaba, hablaba del Señor, leía constantemente la Biblia. Me impactó. Parecía un santo. ¡Y no en un convento, sino en una cárcel! Y le pregunté que cómo era que siendo tan creyente había acabado en la cárcel.

Él me contestó: «No, yo antes no era creyente. Era una mala persona, un criminal. Finalmente me detuvieron y me trajeron a la cárcel. Pero aquí empecé a leer la Biblia, empecé a escuchar a los misioneros, y tuve un encuentro con Dios. Descubrí su amor infinito por mí, su ternura y su misericordia; descubrí que Él no me juzgaba por mis pecados y que me perdonaba todo y que me daba la gracia de poder perdonarme a mí mismo. Mi vida cambió radicalmente y desde entonces soy feliz, porque sé que Dios me ama y que está aquí, conmigo, siempre. *Doy gracias a Dios por haber acabado en la cárcel*, porque si no hubiera acabado aquí, nunca le habría conocido, y habría acabado completamente perdido».

¡Qué impresión me causaron aquellas palabras! ¡Aquel preso daba gracias a Dios por estar en la cárcel, porque lo que había recibido era tan grande que no tenía comparación con nada! Sabía bien que, de no haber ido a la cárcel, nunca hubiera conocido al Señor, y esto le había dado una plenitud que le hacía vivir feliz y en paz aun estando en la cárcel. Me acordé de las palabras del Pregón Pascual: «¡Oh, feliz culpa que mereció tal Redentor!». ¿No puedes tú acaso expresar lo mismo? Y tu caso seguramente no será tan fuerte ni grave como el de este preso... Asume, pues, tus errores, pide perdón al Señor por ellos y perdónate a ti mismo como Dios lo hace, mírate con su misma mirada y deja todo juicio en sus manos, abraza tu pasado y sigue adelante. La felicidad y la plenitud no te esperan en el pasado, sino en el presente y en el futuro. Cierra esa puerta de una vez para siempre. Aprende, agradece y continúa.

Familiares enfermos

Quizá tu caso es distinto. Has estado cuidando a algún familiar enfermo, o has tenido circunstancias familiares que te han hecho imposible centrarte en ti mismo o en ti misma, en tu vocación, en buscar una pareja. Ahora han pasado los años, y ves que te vas a quedar soltero. Piensas que «ha pasado el tren». Bien. Mira también tu historia. No ha sido culpa tuya lo que ha sucedido. Has sido víctima de las circunstancias, y has respondido a ellas lo mejor que has podido.

Quizá has estado cuidando de tus padres o de algún familiar enfermo. ¡Pero esto es precioso! ¡Has entregado tu vida, gota a gota, por ayudar a otros! ¿No es por eso por lo que recordamos a la Madre Teresa de Calcuta? «Pero ella lo eligió, yo no he tenido más remedio». ¡Pues más mérito aún! Porque no has huido de tus circunstancias. Podrías haberlo hecho, haberte desentendido, haber huido. Pero no lo hiciste. Porque sabías que no era lo correcto. Elegiste bien. Elegiste lo que Dios quería que hicieras: amar. Amar con actos concretos. Eso no quiere decir que no haya días en que te hayas enfadado con esa persona enferma o que no hubieras podido hacerlo mejor. Claro está. Pero es ley de vida, sobre todo para quien convive con enfermos. Se pide perdón, y se sigue adelante.

Tu vida no ha sido estéril. ¡Todo lo contrario! La has entregado en lo escondido, amando y cuidando a quien lo necesitaba, amando a tu familiar enfermo como Dios te pedía que lo hicieras. Y eso ha llenado de plenitud su vida y la tuya, y te ha dado dos cosas que no se pueden comprar: paz en tu conciencia y un tesoro en el cielo. Un camino de entrega y de abnegación te han llevado a donde estás hoy. Quizá no eran tus planes, desde luego. Pero así es la vida.

Ese ha sido tu camino. Y ahora puedes mirar al pasado con orgullo, con la conciencia tranquila, porque has amado, te has entregado, no has sido egoísta, has puesto a los demás por delante de ti. Y eso es hermoso. Es la esencia del cristianismo. Claramente ahora tenemos que ver qué hacer con tu vida, para eso estás leyendo este libro. Cierra, pues, el pasado. Aprende, agradece y céntrate en tu presente y en tu futuro, que no tienen por qué estar llenos de frustración y resignación. Este es el camino que Dios ha permitido en tu vida, y por tanto es un camino de santidad. Abrázalo y deja de dar vueltas al pasado. Hoy. Aquí. Ahora.

Separación y divorcio

Quizá eres una persona que ha tenido un matrimonio que no ha salido bien, y te has acabado separando o divorciando. Puede que te hayas quedado soltero o soltera porque tu matrimonio ha sido declarado nulo, o porque no has encontrado una persona con la que compartir la vida, o quizá porque saliste del matrimonio pensando que ya no querías saber nada de hombres o mujeres. En caso de que hayas tenido hijos, seguro que han sido una alegría para ti y ves en ellos frutos hermosos de los que te sientes orgulloso, pero tal vez se hacen mayores, van siendo independientes, y ahora te sientes un poco solo o sola, y te da miedo cuál va a ser tu futuro, qué va a ser de ti, temes no ser importante para ellos o quizá haber fracasado como madre o padre.

Si has tenido hijos, está claro que ellos son un regalo para ti y para los demás, y que tienes una misión que no terminará hasta que te vayas con el Señor. A pesar de que tu matrimonio no haya ido como esperabas, tienes el consuelo de haber colaborado con Dios a traer nueva vida a este mundo, y también la misión clara de que debes continuar ayudándoles. También puede ser que no hayas tenido hijos, y que eso te cause una frustración mayor, ya que ni siquiera has podido ver ese fruto.

No sé por qué el Señor ha permitido tu historia, sea la que sea. Solo sé que tú querías ser feliz, y que lo hiciste lo mejor que pudiste y que supiste. Pero que las cosas no salieron como tú esperabas. Quizá porque la otra persona no era como tú pensabas o porque metió la pata. Quizá fuiste tú el que cometiste algún error que dio como resultado la ruptura. Quizá, quizá, quizá... Da igual. Para ti también vale lo que hemos dicho más arriba. No debes mirar a tu pasado para torturarte y soñar con un imposible, sino para arrepentirte, pedir perdón, asumir, agradecer y cerrar, para poder seguir adelante.

No quiero decir que no haya habido culpa, lo que quiero decir es que no hay que dejarse atrapar por la culpabilidad, que no es lo mismo. Cuando uno ha cometido pecados, se arrepiente y pide perdón. Punto. Trata de reparar el daño cometido, y trata de solucionarlo si eso es posible. No hay nada más que se pueda hacer. La fe en la Divina Misericordia nos lleva a poner en sus manos todo lo que ha sucedido, lo que hemos hecho, lo que podríamos haber mejorado, y dejarlo allí, guardado en su Corazón, para seguir adelante con nuestra vida.

Todo lo que hiciste, lo hiciste buscando ser feliz, aunque quizá te equivocaras. Ese es el quicio del pecado: buscar un bien equivocándonos en el cómo. Casi nadie hace algo por maldad pura. Habitualmente, nuestras intenciones son buenas, incluso aunque nos lleven a equivocarnos y tengan consecuencias. Eso es lo que el Señor mira, y es lo que importa para poder salir del círculo vicioso de la culpabilidad. Si te viniese una amiga machacándose a sí misma por los errores que cometió, y le preguntases si hizo eso por maldad o más bien porque pensaba que era lo que debía hacer, ¿qué te respondería? Puede que se equivocara, pero no lo hizo con maldad, sino más bien por ignorancia. Y ya suficiente ha sufrido con el fruto de su error para que encima se machaque a sí misma. ¿No podrías decirte lo mismo a ti?

Puede que el error no haya sido tuyo, sino de la otra persona. Ese también es el riesgo del matrimonio: te casas con alguien que es libre, y puede usar mal su libertad. Y entonces te configuras con Jesús en la cruz, que fue traicionado por aquellos que más quería y maltratado por ellos, y aun así permaneció fiel y dijo: «Padre, perdónalos, porque no saben lo que hacen»[12]. Son ignorantes. Se están equivocando, y al hacerlo me están haciendo daño. No puedo justificar su pecado, no puedo juzgar su historia, pero sí puedo perdonarles. Solo si perdonas, podrás cerrar definitivamente el pasado. Cuando no perdonas, eres tú mismo quien se queda atado al pasado y se impide volar.

«Perdonar es elegir no tener en cuenta la ofensa recibida. Perdonar es renunciar a todo deseo de satisfacción por la otra parte, incluido el hecho mismo de que te pida perdón. Perdonar es renunciar a cualquier forma de venganza e incluso de justicia. Perdonar es aceptar que el otro se ha equivocado y ha hecho mal y elegir no juzgarle por ello. Perdonar es dejar ir, dejar marchar, condonar una deuda. Perdonar es un "ya no me debes nada, te dejo ir". Perdonar es cortar con ese recuerdo que te ata y no te deja mirar al futuro. Perdonar es actuar como si hubieras olvidado»[13]. «Ve perdonando poco a poco. A veces hace falta mucho tiempo para poder perdonar a alguien completamente. Pídele al Señor la gracia de perdonar, pídele que te haga capaz de perdonar. No te quedes enganchado a los errores del pasado. Suelta lastres, para que puedas avanzar libre. Deja tu pasado completamente sumergido en la misericordia de Dios»[14].

Absorbido por el trabajo

Quizá tu caso es distinto. A lo mejor te has volcado totalmente en tu vida profesional, o bien porque sentías que te realizaba mucho, o bien porque absorbía todas tus fuerzas y tu tiempo o

---

[12] *Lucas* 22, 34.

[13] JESÚS MARÍA SILVA CASTIGNANI, *Tensión en pareja* (Nueva Eva, Madrid 2021), p. 102.

[14] JESÚS MARÍA SILVA CASTIGNANI, *Virginidad 2.0* (Amazon, Madrid 2023), p. 74.

por cualquier otra causa; y llegado el momento, ya no has tenido tiempo para encontrar a alguien con quien compartir la vida. Se te ha pasado la vida casi sin darte cuenta. Una vez más, es necesario asumir las propias elecciones. Abrazarlas, darte permiso para haber obrado así, perdonarte y cerrar. Porque seguro que, como hemos dicho antes, lo has hecho lo mejor que has sabido y que has podido.

Te has enfocado en lo profesional, quizá con la promesa de que ahí ibas a encontrar tu plenitud y tu realización, y luego te has dado cuenta de que no era así. Desde luego, eso les ha pasado a muchas personas. No siempre se acierta en la vida. Pero eso no quiere decir que en tu vida no haya una promesa de plenitud, aunque quizá ya por circunstancias o edad, no pase por el matrimonio y la paternidad. Asume tu historia, y céntrate en el presente, no en lo que pudo ser y no fue. Dios te llama aquí, ahora, a un plan de salvación y de plenitud. Así que mira por última vez a tu pasado, ciérralo y sigue adelante.

No has hecho *match*

Quizá eres una persona que has estado toda la vida buscando a alguien con quien casarte y no lo has encontrado. Has tenido varias parejas, varios intentos, pero ninguno ha cuajado. Han ido pasando los años, y no has hecho el *match* de tu vida. Y quizá cada vez tienes menos esperanza de encontrar a alguien y te ves abocado a la soltería. Puede que te eches en cara errores del pasado, o que tú mismo o tú misma hayas sido víctima de personas que no te merecían, que lo han hecho mal, que han jugado contigo. Quizá has pasado demasiado tiempo buscando una persona «ideal», y no has encontrado a nadie que encajase en ese molde y por eso no has establecido un vínculo definitivo con nadie. Puede que te haya agobiado la idea de un compromiso. En fin, hay mil variables. Esto sucede a veces, y a personas muy buenas, en las que no hay nada malo o no hay nada que les impida tener un matrimonio feliz. Esto es un misterio para mí. Pero es cierto que nuestro mundo no lo pone fácil.

Tanto miedo al compromiso, tantas experiencias de todo tipo antes del compromiso definitivo, tanto esperar a tener una edad, tanto perfeccionismo o exigencia o heridas emocionales... Pero este es el mundo que Dios quiere salvar. No uno ideal donde todo el mundo encaja perfectamente. Quiere salvarte a ti, que, por circunstancias, te has quedado soltero o soltera. Has sufrido al ir viendo cómo tus amigos se iban casando e iban teniendo hijos, mientras tú permanecías sin encontrar a nadie. También probablemente has visto cómo muchos de esos matrimonios ideales se acababan rompiendo, porque no es oro todo lo que reluce...

A ti el Señor te quiere salvar, quiere llenar tu vida de sentido. Puede que ya tu vocación no sea el matrimonio. Acéptalo. No pasa nada. Quiero decir que sé que puede frustrar, hay que lidiar con eso, como ya he dicho. Pero la alternativa no es o casarse o el infierno. Sin casarte puedes alcanzar una plenitud insospechada, aunque no fuera tu idea inicial. Así que una vez más toca aceptar, agradecer, perdonar, perdonarte y cerrar. Y centrarte en el presente, en lo que Dios te pide ahora, en lugar de seguir lamentándote por «lo que pudo ser y no fue». No estás condenado a ser infeliz. Dios va a llenar de luz y de sentido tu vida.

Circunstancias incapacitantes

Quizá tienes algún tipo de enfermedad o dificultad que te imposibilita la vocación al sacerdocio, a la vida consagrada y al matrimonio. En este mundo, herido por el pecado original, el mal existe, y nos afecta sin pedir permiso. Si es tu caso, puedes tener claro y seguro que tu vocación no es ser sacerdote o religiosa o casado.

Dios tiene otros planes para ti. Desde luego, unir tu sufrimiento al suyo por la salvación del mundo, como veremos. Pero también ser fecundo para este mundo y dar un gran fruto de santidad.

Si acaso eres una persona que requiere cuidados, eres un regalo de Dios a través del cual nos permite tocar su carne sufriente. Cada vez que alguien te cuida, está cuidando a Jesús, le está curando, le está acompañando, se está ganando el cielo, pues Él dijo: «Cada cosa que hicisteis con uno de estos mis hermanos más pequeños, conmigo lo hicisteis»[15]. Estás siendo la posibilidad de que otros se salven.

¿Te habías dado cuenta de esto? Tu misión en este mundo va mucho más allá de ser cura, monja, cónyuge o padre. El fruto de salvación y de santidad que puedes dar es inconmensurable. Te corresponde aceptar tu verdad, la realidad de lo que eres, sabiendo que es así como Dios te ama, y como Dios te llama a vivir en plenitud. Sabiendo, como ya hemos dicho, que esto no es el cielo.

Cuando lleguemos allí, ya no tendrás ninguna limitación fisiológica y serás plenamente tú mismo, tú misma. Pero de momento puedes ser inmensamente feliz en esta vida y tienes una misión que solo tú puedes cumplir, como iremos viendo. Así que sécate esas lágrimas. Acepta y agradece lo que eres y céntrate en el presente, en lo que es, y no en lo que pudo ser y no fue.

En una ocasión, «hablé» con un discapacitado que tenía problemas fisiológicos y, aunque era consciente e inteligente, no podía moverse por sí mismo ni hablar. Utilizaba una tabla con letras y sílabas y las iba señalando para expresarme lo que quería, y yo le respondía de palabra. Fue un momento impresionante. Una chica hacía de «traductora», ya que tenía mucha más experiencia

---

[15] *Mateo* 25, 40.

con la tabla que yo. El hombre me explicó que, siendo bebé, se había quedado sin respiración durante unos minutos, y nadie se dio cuenta. Cuando se dieron cuenta y le reanimaron, su cerebro y su cuerpo habían recibido daños graves que luego se manifestarían en su discapacidad neuromotora de por vida. Y me preguntó por qué Dios había permitido eso. Yo le respondí que no lo sabía. Que el mundo no es perfecto, que en él hay mal, que la naturaleza no es como Dios la soñó y que en este mundo existen enfermedades, dolores y muerte, y que hasta que llegue el cielo, nada de eso se quedará atrás. Le expliqué que Dios no quiere el mal, y que de un modo misterioso él puede sacar un bien del mal.

Él se quedó pensando, y me respondió que se acababa de dar cuenta de que, si no hubiera tenido aquella discapacidad, no habría conocido a todos los voluntarios que le ayudaban ni a todos los amigos de su asociación, ni podría estar disfrutando de aquellas peregrinaciones a Lourdes. Las lágrimas empezaron a brotar de los ojos de la «traductora». Yo le añadí, además, que él era un regalo para nosotros, porque, a través de él, podíamos amar, ayudar, servir, y así cumplir lo que Dios nos pedía. Le expliqué que él era para nosotros una oportunidad de amar incondicionalmente y que su presencia hacía salir lo mejor de las personas. La «traductora» iba asintiendo mientras seguía llorando, mostrándole que eso mismo pensaba ella. Él me dio las gracias, y allí quedó nuestra conversación. Y esto que hablé con aquel chico me vale para cualquier persona.

Atracción por el mismo sexo o disconformidad de género

Quizá eres una persona que sientes atracción por el mismo sexo o disconformidad de género. La Iglesia te llama a la castidad[16], y puede que así lo hayas vivido, o que ahora te des cuenta de que es lo que debes vivir, o quizá no te queda otro remedio. No sé cómo ha sido tu vida, pero sea como sea, no te juzgo, porque la vida es muy complicada. En todo caso, también tu historia es una historia de salvación. Hoy precisamente hablaba con los padres de un chico que siente atracción por el mismo sexo, y sus padres le decían que no podía centrarse solo en esa atracción, porque la sexualidad es una parte mínima comparada con la totalidad de la vida.

Es cierto que nadie quiere estar solo, y que todos buscamos el amor. Pero tratar de vivirlo de un modo desordenado no nos va a llenar. Y además nuestra vida, su sentido y su plenitud no deben cerrarse en si hemos encontrado o no a una persona, o en por qué tengo esta atracción o en ninguna otra cosa. Dios quiere llenar de sentido tu vida. Estás llamado a la castidad, como todos, y en esa castidad puedes ser profundamente feliz y fecundo, y no tienes por qué estar solo.

Tu vida puede dar mucho fruto. Y este no se centra en encontrar un compañero o compañera de vida, va mucho más allá. De hecho, en la Iglesia vamos creando nichos donde las personas que sienten atracción por el mismo sexo o disconformidad de género encuentran su sitio, su misión y su comunidad[17]. Estoy seguro de que tu felicidad pasa por encontrar ese lugar en la Iglesia. Y estoy seguro también de que este libro te ayudará a mirar más allá de las tendencias que puedas sentir[18].

---

[16] Catecismo de la Iglesia Católica, 2359.

[17] Particularmente, el movimiento Courage está haciendo un gran bien en la Iglesia. Puedes encontrar información sobre él en internet.

[18] Si quieres profundizar en este tema, te recomiendo mi libro *Confusión e identidad. Reflexiones en torno a la ideología de género* (Amazon, Madrid 2023).

Conclusión

No pretendo agotar todos los casos posibles, pero la cuestión es siempre la misma: asumir la propia historia. Mirar al pasado para aprender, perdonar, perdonarse, agradecer, y después cerrar esa puerta, ya que el pasado no volverá. Y desde ahí, centrarme en el presente, que es donde Dios sale a mi encuentro y me llama a ser feliz, a encontrar mi propio lugar y mi misión, mi vocación, que no va a ser ninguna de las tres tradicionales, pero que es la mía, la que Él está pensando ahora mismo para mí, aquella a la que me llama y en la que puedo encontrar una plenitud humana que me lleve a sentirme profundamente realizado y feliz.

Capítulo 3

LA VIDA COMO VOCACIÓN

Tu vida es una vocación, una llamada de Dios. Dios te llama, a ti, por tu nombre, conociendo tus circunstancias. Llamó a Juan, que era apenas un chaval. Llamó a Zaqueo, que era un publicano. Llamó a la Magdalena, que había sido prostituta. Llamó a la samaritana, que había tenido cinco maridos. Él te llama particularmente a ti, no importa cuáles sean las circunstancias de tu vida. Dios conoce tu nombre, y te llama por él. Te ama, y desea que seas feliz. Desea que seas feliz más que tú mismo, que, quizá, por la vida que has llevado o las circunstancias que te afectan, quizá piensas que no tienes derecho a ser feliz y vetas tu propia felicidad. Dios te quiere feliz. ¿Qué padre no desea la felicidad de sus hijos?

Dios te ha llamado a la existencia, del no ser al ser. Podrías no haber existido, pero existes. Esa es la primera llamada de Dios. ¡Él te llama a vivir! *No a sobrevivir, sino a vivir,* en el sentido profundo de la expresión. La vida es hermosa, es preciosa y merece la pena vivirla. A pesar de sus dificultades. Siempre es más lo que nos da de bueno que lo malo que nos pasa. Aunque es verdad que a veces elegimos enfocarnos en lo malo, y entonces pensamos que solo nos pasan cosas malas. Eso no es cierto. Lo que sí es cierto es que, si tenemos ciertos hábitos insanos, nos pasarán cosas malas, obviamente. Y que para ser más felices necesitamos deshacernos de esos hábitos insanos. Pero en lo demás, la vida es hermosa, y debemos vivirla en plenitud y agradecidamente. Esa es nuestra llamada, es nuestra vocación.

Cuando yo aún no era sacerdote, en el ambiente del seminario se decía: «Yo creo que Fulanito tiene vocación». Y siempre se referían a vocación al sacerdocio, o a la vida consagrada. Mi director espiritual de entonces, Juan Carlos Merino, un gran sacerdote, me explicaba que eso no era correcto. Él me enseñó que hay que entender la vida como vocación. Todos tenemos vocación: vocación a vivir, y *cada uno realiza esa vocación de un modo totalmente distinto y original,* porque Dios no quiere fotocopias, como decía el beato Carlo Acutis. Así que, desde aquel momento, cuando alguien decía: «Yo creo que Fulanito tiene vocación», yo le respondía: «¡Por supuesto! ¡Todos tenemos vocación!».

¡Vive! Esa es la voluntad de Dios sobre ti. «La gloria de Dios es que el hombre viva, es el hombre viviente»[1]. Pero no una vida como la que se nos invita a vivir en el mundo actual. El eslogan de la vida actual es «vive la vida», pero en realidad quiere decir «deja que la vida se te escape entre las manos». Se refiere solo a sexo, placer, experiencias, viajes, poder, dinero, disfrute... ¡Egoísmo! ¡Egocentrismo! Eso nunca, nunca nos dará la felicidad. «El que quiera guardar su vida, la perderá»[2].

Vivir la vida es dejar que el Señor te guíe, en cada momento, en cada circunstancia, para hacer su voluntad. Porque su voluntad es que seas feliz, que vivas, su voluntad es lo mejor para ti. Por eso, quien quiere vivir la vida no busca su propia voluntad, sino la de Dios. Porque cuando uno se empeña en hacer «su

---

[1] SAN IRENEO DE LIÓN, *Adversus Haereses* IV, 20, 7.
[2] *Mateo* 16, 25.

48

propia voluntad», acaba haciendo lo que le da la gana, siendo esclavo de sus apetitos, haciendo lo que hace todo el mundo, dejándose llevar. ¿Y eso es ser libre? Que venga Dios y lo vea. ¿Y eso te hace realmente feliz? Como decía un amigo en tono de chiste: «Cuando uno se empeña en hacer su propia voluntad, Dios le castiga haciendo que se cumpla su propia voluntad». Porque nuestra voluntad nunca, nunca va a ser mejor para nosotros mismos que la voluntad de Dios.

Por eso, en tu vida, si quieres ser feliz, busca la voluntad de Dios. Esa es tu vocación como soltero. Hacer lo que Dios quiere que hagas. En el resto del libro iremos viendo por dónde te llama Dios a vivir. No puedo decirte en concreto, en tu trabajo, tus relaciones o tu familia qué es lo que tienes que hacer exactamente en cada momento. Eso requiere discernimiento, que es la búsqueda de lo que Dios quiere en cada circunstancia concreta a través de la razón, la oración y el acompañamiento espiritual.

Pero sí que vamos a ver varias cosas que te van a ayudar a descubrir tu vocación como soltero, en medio de tus circunstancias. Cosas que Dios quiere de ti. Caminos que Él ha abierto para ti. Sendas por las que estás llamado a avanzar.

Capítulo 4

VOCACIÓN DE LAICOS

Tú eres un laico. Conviene explicar bien esta palabra porque hoy en día se entiende muy mal, ya que se suele confundir la palabra «laico» con la palabra «laicista»: «que no es cristiano o de la Iglesia». Esto es un error. «Laicista» es la palabra correcta para expresar aquello que es completamente independiente de Dios y de la Iglesia: «Independencia del individuo o de la sociedad, y más particularmente del Estado, respecto de cualquier organización o confesión religiosa»[1]. Cuando se habla de «enseñanza laica», «Estado laico», etc., se está cometiendo un error lingüístico. Ser laico es otra cosa.

Pero entonces, ¿qué son los laicos? Oigamos lo que dice la Iglesia. Son «todos los fieles cristianos, a excepción de los miembros del orden sagrado y los del estado religioso. Es decir, los fieles que, en cuanto incorporados a Cristo por el bautismo, ejercen en la Iglesia y en el mundo la misión de todo el pueblo cristiano»[2].

«Al dar una respuesta al interrogante "quiénes son los fieles laicos", el Concilio se abrió a una visión *decididamente positiva*,

---

[1] Diccionario de la Real Academia de la Lengua Española.
[2] CONCILIO VATICANO II, Constitución *Lumen Gentium*, 31.

y ha manifestado su intención fundamental al afirmar la plena pertenencia de los fieles laicos a la Iglesia y a su misterio, y el carácter peculiar de su vocación, que tiene en modo especial la finalidad de *buscar el Reino de Dios* tratando las realidades del mundo civil y ordenándolas según Dios. Los laicos *se encuentran en la línea más avanzada de la vida de la Iglesia;* por ellos, la Iglesia es el principio vital de la sociedad humana. Por tanto, ellos, ellos especialmente, deben tener conciencia, cada vez más clara, no solo de pertenecer a la Iglesia, sino de ser la Iglesia. *Ellos son la Iglesia.* Según la imagen bíblica de la viña, los fieles laicos son sarmientos radicados en Cristo, la verdadera vid, convertidos por Él en una realidad viva y vivificante»[3].

Los laicos sois, pues, la inmensa mayoría de la Iglesia, aquellos que, en medio del mundo, sois «sal de la tierra y luz del mundo»[4]. Dios no quiere sacaros del mundo, sino plantaros en él, para que deis fruto. Los laicos sois la primera línea de batalla de la Iglesia, los que sobrelleváis las cargas de este mundo para elevarlo a Dios, los que testimoniáis a Cristo en medio del trabajo, de los estudios, de la universidad, del vecindario, del hospital... en cualquier ambiente en que os mováis. Muchos laicos viven la vocación al matrimonio, pero otros muchos, no, entre los cuales os contáis vosotros, los solteros.

No sois curas ni monjas ni religiosos. Ni estáis llamados a serlo. A veces pensamos que la identidad en la Iglesia viene por el «estado» que tenemos en ella: casado, monja, cura... Pero eso no es así, como hemos visto en el parágrafo anterior. Todos tenemos vocación, todos estamos llamados. Y tú estás llamado a ser laico. Ser laico es una identidad específica. Y, como hemos

---

[3] San Juan Pablo II, Exhortación *Christifideles Laici*, 9.
[4] Cfr. *Mateo* 5, 13-16.

visto que señalan tanto el Concilio como san Juan Pablo II, tu identidad como laico radica en ser una transparencia de Cristo en medio del mundo, haciéndole presente y santificando el mundo.

«Estar en el mundo civil es propio y peculiar de los laicos. A los laicos corresponde, por propia vocación, tratar de **hacer presente el Reino de Dios,** gestionando los asuntos del mundo civil y ordenándolos según Dios. Viven en el mundo, es decir, en todos y cada uno de los deberes y ocupaciones del mundo, y en las condiciones ordinarias de la vida familiar y social, con las que su existencia está como entretejida.

Allí están llamados por Dios, para que, desempeñando su propia profesión guiados por el espíritu evangélico, contribuyan a la **santificación del mundo** como desde dentro, a modo de fermento. Y así **hagan manifiesto a Cristo ante los demás**, primordialmente mediante el testimonio de su vida, por la irradiación de la fe, la esperanza y la caridad. Los laicos están especialmente llamados a **hacer presente y operante a la Iglesia** en aquellos lugares y circunstancias en que solo ellos pueden llegar a ser sal de la tierra»[5].

Los laicos, pues, habéis sido elegidos y enviados por Dios en medio del mundo para hacer presente su Reino, a través de la fe, la esperanza y el amor. Sois luces que Dios ha encendido, testigos de Cristo ante los demás. Estáis llamados a la «santificación del mundo». ¿Qué significa esto? Bueno, está claro que el mundo no es santo. Está lejos de ser como debería ser según el Evangelio. Los laicos transformáis vuestros ambientes, y vais haciendo presente en ellos a Cristo y los valores del Evangelio. Con el amor a los compañeros de trabajo, la ayuda a los que lo nece-

---

[5] CONCILIO VATICANO II, Constitución *Lumen Gentium*, 31. 33.

sitan, el haceros cargo del sufrimiento de los demás, contribuyendo con vuestro dinero al bien de la Iglesia y de los pobres... Así es como se santifica el mundo, es decir, como el mundo se va haciendo cada vez más santo.

Pensad en san Isidro labrador. Él vivía pobremente. Iba todos los días a la Iglesia, a la Eucaristía y a orar, antes de ir a trabajar al campo. Esto despertaba admiración en sus conocidos. Compartía su pan con los pobres. Incluso cuando no tenía nada, sucedió en ocasiones que de su olla vacía sacó comida para saciar a multitud de pobres. Hizo más santo el mundo en que se movía.

Como él, muchos laicos transforman su día a día en una ocasión para hacer el trabajo bien, legalmente, para gloria de Dios; en dar testimonio a sus compañeros, amigos y familiares; en ayudar a los que sufren y aconsejar a los que lo necesitan. A la mayoría de los ambientes, los sacerdotes no podemos llegar. La inmensa mayoría de la gente no conocería a Cristo si no hubiera sido un laico el que le hubiera dado testimonio, o invitado a un retiro o a una misa especial.

Ser laico es darte cuenta de que Dios te ha puesto en medio del mundo para que le hagas presente. Y ahí tienes una misión insustituible. Porque allí donde tú estás, nadie más puede llegar. Y hay gente de tu entorno que solo oirá hablar de Cristo a través de ti, porque quizá no hay nadie más en su entorno que sea creyente. Precisamente tú has sido elegido o elegida por Dios para hacerle presente allí donde estás. Tu misión es más alta de lo que piensas, porque de ella pende la conversión y la salvación de la gente con la que te mueves día a día.

Capítulo 5

CONSAGRADOS A DIOS

En la Iglesia habitualmente reservamos la palabra «consagrado» para cosas o personas muy concretas: el pan eucarístico, una iglesia, un religioso o religiosa, a veces para los sacerdotes... Sin embargo, existe una consagración primordial que a menudo olvidamos, y que, sin embargo, es la consagración más importante. Oigamos lo que nos dice la Iglesia.

«Los *bautizados* son **consagrados** por la regeneración y la unción del Espíritu Santo como casa espiritual y sacerdocio santo, para que, por medio de toda obra, ofrezcan sacrificios espirituales y anuncien el poder de Aquel que los llamó de las tinieblas a su admirable luz»[6].

«Incorporados a la Iglesia por el *Bautismo*, los fieles han recibido el carácter sacramental que los **consagra** para el culto religioso cristiano»[7].

«La **consagración** *bautismal* y crismal es fundamento adecuado de la misión de los laicos, de los que es propio el buscar el Reino de Dios ocupándose de las realidades del mundo civil y ordenándolas según Dios»[8].

---

[6] CONCILIO VATICANO II, Constitución *Lumen Gentium*, 10.

[7] *Catecismo de la Iglesia Católica*, 1273.

[8] SAN JUAN PABLO II, Exhortación *Vita Consecrata,* 31.

Así pues, ¡oh sorpresa!, todos los bautizados *somos consa-grados*. Si no comprendemos qué significa consagrado, esto nos puede rechinar, ya que habitualmente pensamos que una persona consagrada es la que ha prometido o jurado celibato, obediencia y pobreza. Tenemos que buscar el significado original, que proviene de la palabra hebrea *qadosh*, que se traduce como «separado» y también como «santo» o «sagrado». Se usa en el Antiguo Testamento para señalar que alguien ha sido «apartado» o «puesto aparte», para un propósito especial y sagrado, que no se debe mezclar con lo profano, y que debe reflejar la pureza de Dios. Es en este sentido que pasó al vocabulario cristiano, y por eso hablamos de una consagración a Dios por el bautismo.

En efecto, como bautizado, tú has sido elegido por Dios y has sido hecho hijo suyo. Le perteneces, ya que Él te ha comprado con la sangre de su Hijo. Es en ese sentido que has sido «separado o apartado». Dios te ha tomado de en medio del mundo para que le pertenezcas. Podemos decir que se ha cumplido en ti esta palabra tan preciosa de Ezequiel:

«Así fue tu nacimiento: El día en que naciste, no te cortaron el cordón, no te lavaron con agua para purificarte, ni te friccionaron con sal, ni te envolvieron en pañales. Nadie se apiadó de ti ni hizo por compasión nada de todo esto, sino que por aversión te arrojaron a campo abierto el día que naciste. Yo pasaba junto a ti y te vi revolviéndote en tu sangre, y te dije: "¡Sigue viviendo, tú que yaces en tu sangre, sigue viviendo!". Te hice crecer como un brote del campo. Tú creciste, te hiciste grande, llegaste a la edad del matrimonio. Pasé otra vez a tu lado, te vi en la edad del amor; extendí mi manto sobre ti para cubrir tu desnudez. Con juramento hice alianza contigo y fuiste mía. Te lavé con agua, te limpié la sangre que te cubría y te ungí con aceite»[9].

Si analizamos este pasaje, ese primer momento en que el Señor pasó junto a nosotros es el momento de la cruz, en el que nos ha rescatado a todos, genéricamente, de la muerte, compadecido de nosotros, y nos dio la oportunidad de seguir viviendo. Y la segunda vez que el Señor pasa junto a nosotros es cuando, por el bautismo, en concreto, nos cubre con el manto de su santidad, hace alianza con nosotros, nos lava de todo pecado y nos hace suyos. Ahí se concreta la gracia de Dios para cada uno en particular. Ahí somos consagrados a Dios. Pasamos a pertenecerle. Y tomar consciencia de esto es fundamental para comprender que nuestra vocación más alta es la consagración a Dios por el bautismo, por el cual pasamos a ser posesión suya.

Y ello para un propósito especial y sagrado: para ser santos, para reflejar el rostro de Dios en el mundo, para evangelizar a los que no le conocen, para cuidar a los que sufren, para dar testimonio de su amor, «brillando como lumbreras del mundo, manteniendo firme la palabra de la vida»[10]. Por eso no debemos «mezclarnos con lo profano», es decir, debemos luchar para que nada de todo lo mundano y pecaminoso se nos pegue, para que nuestra mentalidad sea cada vez más cristiana y menos mundana, para que no seamos uno más. «No te dejes arrastrar por la mayoría para obrar mal»[11].

Si te has quedado soltero por cualquier causa, no olvides que eres un consagrado a Dios. Le perteneces. Tienes una misión y una vocación: ser un laico santo y testimoniar a Cristo. Dios vive

---

[9] *Ezequiel* 16, 4-9.
[10] *Filipenses* 2, 15.
[11] *Éxodo* 23, 2.

en ti. Tu vida ha sido preciosamente rescatada por la sangre del Señor, y has recibido el privilegio de ser hijo de Dios, de conocerle, de saberte amado por Él, y eres una luz que el Señor ha encendido en medio del mundo, no para esconderla, sino para que se vea.

Desde esta nueva luz, puedes entender tu soltería de un modo nuevo. Puedes elegir ser célibe «porque no te queda otra», y frustrarte profundamente. O puedes aceptar que ese celibato se enraíza en tu consagración bautismal, y elegir pertenecer a Dios totalmente, en cuerpo y alma. No se trata de que te hagas monja o cura, sino de que aceptes esa consagración hasta las últimas consecuencias. Y la entiendas como un modo de vida en el que vivas consagrado a Dios en medio del mundo.

Puedes incluso hacer un acto de consagración privado, personal, por el que, en vez de resignarte de mala gana a lo que te ha deparado «el destino», aceptes con alegría el celibato por el reino de Dios, y vivas como un consagrado en medio del mundo. Conozco a muchas personas que viven así. En particular, mi amiga Marysia, viuda, que desde que murió su marido ha vivido en medio del mundo pero sabiéndose consagrada a Dios, tratando de servirle en lo que puede e irradiando una luz, una alegría y una paz que todos los que la conocemos podemos percibir. Es realmente una consagrada.

Considero muy importante que entendamos la vida como una consagración. «No os pertenecéis a vosotros mismos, pues habéis sido comprados a un gran precio»[12]. Esta pertenencia a Dios, esta vocación, no la realizamos solo en el sacerdocio, el matrimonio o la vida religiosa, sino que la realizamos en el día a día, en cada cosa, en cada circunstancia, estemos como

---

[12] *1 Corintios* 6, 19-20.

estemos, también solteros. Y, como veremos, el bautismo nos otorga una gracia muy fuerte que nos permite dar un sentido aún más profundo a lo que vivimos, sobre todo, a aquello que nos cuesta, también la soltería. Por circunstancias, las que sean, Dios ha permitido que ahora vivas célibe. Abrázalo como la ocasión que Dios te da de pertenecerle más profundamente, elevando así tu vida a un estado mayor de perfección.

Capítulo 6

VOCACIÓN A LA SANTIDAD

«El divino Maestro y Modelo de toda perfección, el Señor Jesús, predicó a todos y cada uno de sus discípulos, cualquiera que fuese su condición, la santidad de vida, de la que Él es iniciador y consumador: "Sed perfectos, como vuestro Padre celestial es perfecto". Envió a todos el Espíritu Santo para que los mueva interiormente a amar a Dios con todo el corazón, con toda el alma, con toda la mente y con todas las fuerzas y a amarse mutuamente como Cristo los amó. Todos los fieles, de cualquier estado o condición, están llamados a la plenitud de la vida cristiana y a la perfección de la caridad, y esta santidad suscita un nivel de vida más humano incluso en la sociedad terrena. Así, la santidad del Pueblo de Dios producirá abundantes frutos, como brillantemente lo demuestra la historia de la Iglesia con la vida de tantos santos»[1].

Este texto del Concilio Vaticano II es una auténtica joya que te invito a meditar. Todos, todos estamos llamados a ser santos. No solo los sacerdotes y monjas, no solo los que reciben los estigmas o curan a los enfermos, no solo los que han hecho

---

[1] Concilio Vaticano II, Constitución *Lumen Gentium*, 40.

actos extraordinarios de caridad, sino todos. La santidad es la conformidad con la voluntad de Dios en nuestra vida diaria. Ser santo y ser feliz es lo mismo.

Ser santo es intentar ser como Cristo, es tenerle a Él como ideal de vida, es no cansarse nunca de acudir a la confesión cada vez que lo necesitemos. Ser santo es intentar reflejar el rostro de Jesús en este mundo. Ser santo es poner a Dios y a los demás en el primer lugar. Ser santo es amar, no con un amor limitado y natural, sino con el amor con que Dios nos capacita para amar gracias a los sacramentos. Ser santo es cumplir con fidelidad y alegría los deberes de nuestra vida cotidiana. Ser santo es aceptar con docilidad las contrariedades de la vida.

Ser santo es luchar por la justicia con las armas del amor. Ser santo es creer firmemente que la voluntad de Dios es lo mejor que puedes hacer. Ser santo es adelantar el cielo a la tierra. Ser santo es dar testimonio incansablemente ante el mundo del amor de Jesucristo, superando las barreras culturales y los respetos humanos, los miedos y las vergüenzas. Ser santo es ser valiente, entregado, generoso, veraz. Ser santo es reconocerse pobre y pequeño y necesitado de la misericordia de Dios. Ser santo es lo más grande a lo que estamos llamados.

A veces hay algunas personas ingenuas que me dicen: «Tú llegarás a ser obispo». Cuando me dicen eso, les respondo siempre: «Yo aspiro a algo más alto». Entonces siempre se me quedan mirando con los ojos como platos, y —no falla— me preguntan: «¿A ser Papa?». Y yo les respondo: «¡No! ¡A ser santo!».

Si todos estamos llamados a ser santos, nadie tiene una vocación «de segunda». Lo más grande que puedes ser es ser santo, eso es lo único que te va a hacer feliz. Uno puede estar casado y no ser santo, estar profundamente frustrado y ni siquiera soñar con la felicidad. Pero uno puede estar soltero y vivir una alegría radiante y estar plenamente feliz.

¿Acaso no conocemos sacerdotes y religiosas que parecen amargados? Y por el contrario, yo conozco personas viudas, o personas con atracción hacia el mismo sexo, o personas que se han quedado solteras, que están radiantes, porque han encontrado la perla preciosa que es Jesucristo, y han descubierto que nunca están solos y que lo más grande a lo que pueden aspirar es a ser santos. No es que no tengan problemas. Pero «su alimento es hacer la voluntad del Padre»[2].

Así que ni se te ocurra pensar que «te has quedado sin vocación». Dios te llama a vivir, tu vida es una vocación a la santidad, que puede transformarte a ti y puede transformar a los que están a tu alrededor. Urge que seas santo. ¡Necesitas ser santo para ser feliz! ¡Y los demás necesitamos que seas santo para poder ver el rostro de Cristo en ti! En tus circunstancias, con tus más y con tus menos, siempre necesitado de confesión y perfeccionamiento. Pero estás llamado a ser santo. No a ser casado o soltero o cura o monja. ¡Santo! No hay nada más grande que hubieras podido soñar para ti mismo.

Si buscas santos canonizados que hayan sido solteros, encontrarás muy pocos. Igual que si quieres buscar santos canonizados que no hayan sido sacerdotes o monjas. Prácticamente no hay santos canonizados que estuvieran casados. Es una cuestión curiosa, pues casi siempre se canoniza a sacerdotes y religiosas y prácticamente nunca a los laicos. Eso daría para otro libro. Pero sí que existen laicos santos, casados y solteros. La mayoría de los laicos solteros que han sido canonizados lo han sido porque han vivido una enfermedad de un modo heroico

---

[2] Cfr. *Juan* 6, 38.

o porque han sido mártires. ¡Pero es que, si no, nunca hubieran llamado la atención ni habrían sido canonizados! ¿Cuánto santos solteros habrá que no hayan sido canonizados? Solo lo sabremos en el cielo, pero te aseguro que son muchos más de los que podemos imaginar.

La beata Chiara Badano, una joven soltera en proceso de canonización que murió de un osteosarcoma, era llamada «Chiara luce» por sus conocidos, ya que realmente resplandecía con la luz de la santidad.

El beato Carlo Acutis fue un joven que se destacó por su amor a la Eucaristía y a los pobres. Falleció prematuramente. A su funeral acudieron, para sorpresa de sus conocidos, muchísimos pobres de la ciudad a los que él ayudaba sin que nadie lo supiera.

El venerable Gianluca Firetti fue un joven futbolista que vivió sus últimos años consumido por el cáncer con un inmenso amor a Cristo y siendo un ejemplo para los que estaban a su alrededor, muriendo en olor de santidad.

Santa Rita de Casia es un caso curioso, muy curioso. Un poco estremecedor, pero también iluminador. Cuando tenía catorce años, sus padres la obligaron a casarse con un hombre que era un auténtico rufián, la maltrataba y la menospreciaba. Con él tuvo dos hijos. Vivió un matrimonio terrorífico, pero en aquella época no existía ni remotamente la posibilidad de separarse ni nada por el estilo, y menos para una mujer.

Pero con su dulzura y su profunda fe, acabó cambiando el corazón de su marido, Pablo, que cambió de vida y se convirtió. Pero sus antiguos enemigos acabaron asesinándolo, con lo que santa Rita quedó viuda. Intentó ingresar en un convento de agustinas, pero no la dejaron, porque no era virgen. Sus dos hijos planearon la venganza del asesinato de su padre, y santa

Rita, al enterarse, le pidió a Dios que se llevara a sus hijos antes de que cometieran un pecado mortal y pudieran ir al infierno. ¿Y a que no adivinas qué sucedió? Murieron los dos al mismo tiempo de muerte natural, no antes de haberles ella preparado para el encuentro con Dios y de que ellos se hubieran confesado, convertidos por su madre durante su breve enfermedad.

Ya sin hijos, santa Rita intentó de nuevo que la dejaran ingresar en el convento, pero no la dejaron. ¡Hizo falta un milagro (la aparición de tres santos) para que al final la dejaran entrar en el convento! Pero ella no se quejó. Buscó la voluntad de Dios en cada cosa, en cada acontecimiento, aunque todo le viniera en contra, aunque nada saliese según su voluntad. Por eso fue santa. Es una santa que se quedó soltera, desde luego. ¡Vaya vida! Y sin embargo... buscó solo, siempre y en todo la voluntad de Dios. Y por eso mismo no solo fue feliz, sino que consiguió la salvación de su marido y de sus hijos.

Hay más santos así. Y tú puedes ser uno de ellos. Estás llamado a serlo. Puede que no te canonicen, puede que solo en tu entorno más cercano sepan que has alcanzado la cima de la santidad. Pero ¿qué importa? No se trata de ser santo para que todo el mundo lo vea, sino de ser santo para ser feliz y para poder transformar a las personas que están a tu alrededor. Fíjate en el cambio de perspectiva. No se trata de lo que quieres tú, sino de lo que quiere Él. Ese «giro copernicano» de la mirada de un soltero es la clave para su felicidad. Dios te quiere feliz, Dios te quiere santo.

«La dignidad de los fieles laicos se nos revela en plenitud cuando consideramos esa primera y fundamental vocación, que el Padre dirige a todos ellos en Jesucristo por medio del Espíritu: la vocación a la santidad, o sea, a la perfección de la caridad. El santo es el testimonio más espléndido de la dignidad conferida al discípulo de Cristo.

»Es urgente, hoy más que nunca, que todos los cristianos vuelvan a emprender el camino de la renovación evangélica, acogiendo generosamente la invitación del apóstol a ser "santos en toda la conducta" (*1 P* 1, 15). Los santos y las santas han sido siempre fuente y origen de renovación en las circunstancias más difíciles de toda la historia de la Iglesia. Hoy tenemos una gran necesidad de santos, que hemos de implorar asiduamente a Dios.

»Todos en la Iglesia, precisamente por ser miembros de ella, reciben y, por tanto, comparten la común vocación a la santidad. Los fieles laicos están llamados, a pleno título, a esta común vocación, sin ninguna diferencia respecto de los demás miembros de la Iglesia: todos los fieles de cualquier estado y condición están llamados a la plenitud de la vida cristiana y a la perfección de la caridad; todos los fieles están invitados y deben tender a la santidad y a la perfección en el propio estado.

La vida según el Espíritu, cuyo fruto es la santificación, suscita y exige de todos y de cada uno de los bautizados el seguimiento y la imitación de Jesucristo, en la recepción de sus Bienaventuranzas, en el escuchar y meditar la Palabra de Dios, en la participación consciente y activa en la vida litúrgica y sacramental de la Iglesia, en la oración individual, familiar y comunitaria, en el hambre y sed de justicia, en el llevar a la práctica el mandamiento del amor en todas las circunstancias de la vida y en el servicio a los hermanos, especialmente si se trata de los más pequeños, de los pobres y de los que sufren»[3].

---

[3] San Juan Pablo II, Exhortación *Christifideles Laici*, 16.

Capítulo 7

LA OFRENDA DE LA PROPIA VIDA

Hasta aquí nos hemos centrado sobre todo en tu identidad y en lo que estás llamado a hacer. Pero hay un aspecto que es crucial, esencial, y que muchas veces no ha sido enseñado. El nombre técnico es «el sacerdocio común de los fieles». Quizá alguna vez lo hayas oído, y también que el bautismo nos hace «sacerdotes, profetas y reyes». O puede que jamás hayas oído nada parecido. Voy a tratar de explicarlo con la máxima sencillez posible, para que veas lo grande que puede llegar a ser tu vida y el fruto que puede dar.

Piensa en Cristo crucificado. Aparentemente, había fracasado. Parecía que en esos momentos no estaban haciendo nada útil. Había curado enfermos, resucitado muertos y expulsado demonios. ¡Eso sí que era espectacular! Pero allí, en la cruz, parecía inútil, impotente. Y, sin embargo, sabemos que es en ese momento en el que estaba haciendo lo más grande, lo más sublime, lo más importante de su misión. ¿El qué? Ofrecer su vida por la salvación del mundo. A través de la cruz estaba perdonando todos nuestros pecados, estaba abriendo el camino vedado al cielo, estaba cambiando la vida de miles de millones de personas del pasado, el presente y el futuro. Estaba haciendo de su propia vida una ofrenda al Padre por la salvación del mundo.

Si Cristo no hubiera ofrecido su vida en la cruz, nunca le habríamos conocido; nuestros pecados nunca hubieran sido perdonados; no podríamos ir al cielo; no podríamos dar un sentido al sufrimiento; no habría resucitado, por lo que no sabríamos qué nos depara la muerte; y un largo etcétera que cada uno puede ampliar.

Pues bien, aquí viene lo impresionante. Por el bautismo, Dios nos ha dado la capacidad de ofrecer nuestra vida por la salvación del mundo, uniendo la ofrenda de cada una de las cosas que somos, hacemos y sufrimos a su ofrecimiento en la Cruz. Por el bautismo puedes —debes— ofrecerte a Dios por la salvación del mundo. Lo que eres, tal como eres, en tus circunstancias que te han llevado a quedarte soltero. Lo que haces, en tu día a día, con tu gente, en tu trabajo. Lo que sufres, ya sea el mismo hecho de ser soltero o la enfermedad o las contrariedades. Todo, todo se puede ofrecer por la salvación del mundo.

«Os exhorto, pues, hermanos, por la misericordia de Dios, a que ofrezcáis vuestros cuerpos como sacrificio vivo, santo, agradable a Dios; este es vuestro culto espiritual»[1].

«Los bautizados son consagrados por la regeneración y la unción del Espíritu Santo como casa espiritual y sacerdocio santo, para que, por medio de toda obra del hombre cristiano, **ofrezcan sacrificios espirituales** y anuncien el poder de Aquel que los llamó de las tinieblas a su admirable luz. Por ello, todos los discípulos de Cristo, perseverando en la oración y alabando juntos a Dios, **ofrézcanse a sí mismos como hostia viva, santa y grata a Dios**»[2].

---

[1] *Romanos* 12, 1.

[2] Concilio Vaticano II, Constitución *Lumen Gentium*, 10.

«Los laicos, en cuanto consagrados a Cristo y ungidos por el Espíritu Santo, son admirablemente llamados y dotados, para que en ellos se produzcan siempre los mejores frutos del Espíritu. Pues todas sus obras, sus oraciones e iniciativas apostólicas, la vida conyugal y familiar, el cotidiano trabajo, el descanso de alma y de cuerpo, si son hechos en el Espíritu, e incluso las mismas pruebas de la vida si se sobrellevan pacientemente, se convierten en **sacrificios espirituales, aceptables a Dios por Jesucristo**, que en la celebración de la Eucaristía se ofrecen piadosísimamente al Padre junto con la oblación del cuerpo del Señor. De este modo, también los laicos, como adoradores que en todo lugar actúan santamente, consagran el mundo mismo a Dios»[3].

«Los fieles laicos participan en el oficio sacerdotal, por el que Jesús se ha ofrecido a sí mismo en la Cruz y se ofrece continuamente en la celebración eucarística por la salvación de la humanidad para gloria del Padre. Incorporados a Jesucristo, los bautizados están unidos a Él y a su sacrificio **en el ofrecimiento de sí mismos y de todas sus actividades**»[4].

He puesto todos estos textos para que veas que no me estoy inventando nada. De un modo aún más fuerte lo afirma san Pablo: «Completo en mi carne lo que falta a la pasión de Cristo, sufriendo por su Cuerpo, que es la Iglesia»[5]. ¡Lo que falta a la pasión de Cristo! Pero ¿qué le falta a la pasión de Cristo? Precisamente la ofrenda de nuestra propia vida, especialmente nuestros sufrimientos, los de todos los cristianos hasta el fin de

---

[3] Concilio Vaticano II, Constitución *Lumen Gentium*, 34.

[4] San Juan Pablo II, Exhortación *Christifideles Laici*, 14.

[5] *Colosenses* 1, 24.

los tiempos. Cristo ha querido que podamos ofrecernos para salvar al mundo.

Como en el caso de la cruz, la eficacia de nuestra ofrenda no es visible inmediatamente. La cruz de Jesús parecía inútil, pero desde una mirada de fe, vista desde una perspectiva espiritual, estaba siendo lo más eficaz que podría haber hecho. Así sucede con nuestra propia ofrenda. Queda patente a los ojos de Dios, unida a la cruz de Jesús, y da fruto en personas que quizá no conocemos. Puede que por la ofrenda de nuestra vida se salven muchas personas, o se conviertan muchas otras, u otras sean aliviadas en sus sufrimientos. Solo conoceremos la eficacia de nuestra ofrenda cuando lleguemos al cielo. Allí veremos todo el bien que han hecho nuestros sacrificios y ofrendas, el ofrecimiento de nuestra vida y especialmente de los sufrimientos y dolores. También el ofrecimiento a Dios del hecho de habernos quedado solteros y los sufrimientos que esto ha podido conllevar.

Muchas veces, ante los sufrimientos y dificultades lo que hacemos es quejarnos. Eso hace que se queden estériles. Lo que tenemos que hacer es, si no podemos evitarlos, aceptarlos y ofrecerlos por la salvación del mundo. ¿Cómo se hace eso? Es muy sencillo. Cada vez que vayas a hacer algo, o que sufras algo, haz una breve oración, algo de este estilo: «Padre, te ofrezco esto por la salvación del mundo». Así, tan sencillo. Y, sin embargo, en ese momento estarás uniendo tu sacrificio al de Cristo en la cruz, y estarás redimiendo al mundo junto con Él. En ese momento, tu vida se unirá a la de los miles de millones de ofrendas que han hecho los cristianos a lo largo de toda la historia por la salvación del mundo. Y, en la fe, sabemos que esa ofrenda es eficaz, aunque invisible.

Particularmente en la Eucaristía estamos llamados a ofrecernos junto con Cristo. En la misa se renueva el sacrificio de Cristo, es decir, se vuelve a hacer presente. Cuando estamos ante el altar, estamos místicamente a los pies de la cruz, pues el sacrificio único de Cristo se está renovando y aplicando a nuestro mundo presente. Entonces, igual que hizo María a los pies de la Cruz, en la Eucaristía debemos ofrecer nuestras vidas junto con la de Cristo, nuestros sacrificios y sufrimientos junto con los suyos. La Eucaristía es lo que nos permite unirnos a Cristo, no solo para nuestro propio bien, sino para el bien de la humanidad, pues no solo recibimos a Cristo, sino que también nos ofrecemos junto con Él.

En la Eucaristía ofrecemos el Cuerpo y la Sangre, el Alma y la Divinidad de nuestro Señor Jesucristo como propiciación por nuestros pecados y los pecados del mundo entero. Y también nos ofrecemos del todo a Él por la salvación del mundo: cuerpo, sangre, alma, mente y corazón. Permítaseme decirlo así: si aceptas ofrecer toda tu vida como un sacrificio a Dios por la salvación del mundo, cuando llegues al cielo te sorprenderás de la cantidad de personas a las que habrás contribuido a salvar. ¿No es esta la misión más sublime que podemos tener?

Y eso es precisamente lo que debes hacer tú, que te has quedado soltero. Es la perspectiva que tienes que tener sobre tu vida. Una perspectiva más alta, más sobrenatural. Mucho más allá del hecho de que seas soltero está el hecho de que tu vida puede ayudar a redimir al mundo, a salvar a otras personas. Ante este hecho, todo lo demás palidece. Dios ha querido asociarte a su misión redentora, ha querido que «le ayudes» a salvar al mundo. Cuando uno empieza a entender su vida así, todo cambia, todo adquiere una hondura sobrenatural que te hace comprender que cada pequeño acto que hagas, cada pequeña circunstancia o dolor de tu vida, son una contribución al capital de gracia que Dios derrama constantemente sobre la humanidad para salvarla.

Capítulo 8

CASTIDAD FECUNDA

Si eres soltero, puede sucederte que tengas que vivir un celibato no elegido. Así les sucede a las personas que no han podido casarse, o que viven divorciadas, o a las personas que sienten atracción hacia el mismo sexo. En la vocación a la soltería, esto puede suponer un problema grave. ¿Por qué tengo que vivir un celibato que no he elegido? ¿Cómo puedo vivir la abstinencia? ¿Acaso nunca podré tener una familia? ¿Por qué tengo que ser célibe si yo no he elegido lo que me ha pasado en la vida, si no he elegido sentir atracción hacia el mismo sexo? Dependiendo de tu caso, unas preguntas serás más pertinentes que otras.

La Iglesia nos enseña que los actos sexuales están reservados al matrimonio con un fin unitivo y procreativo, y que todo uso de la genitalidad fuera del matrimonio es desordenado y, por lo tanto, pecaminoso. Esto atañe no solo a la relaciones sexuales completas, sino también a las relaciones homosexuales, a la masturbación, a la pornografía, etc.[1]. El celibato se vive en la continencia, es decir, en la abstinencia sexual. Esto no es fácil, evidentemente. Sin embargo, hemos de tener en cuanta varias cosas importantes.

---

[1] Cfr. *Catecismo de la Iglesia Católica* 2331-2391.

El sexo no es indispensable, no es una necesidad fisiológica, como he demostrado sobradamente en otro lugar[2]. Nadie se muere por no tener relaciones. El lenguaje actual nos engaña haciéndonos creer que el sexo es algo sin lo que no se puede vivir bien, y eso es mentira. Como sacerdote célibe y fiel a mi celibato, puedo señalar que se puede ser perfectamente feliz sin tener relaciones. Y como yo, el testimonio de miles de hermanos célibes y de personas que no pueden tener relaciones por motivos fisiológicos muestra lo mismo. Se puede no tener relaciones y ser profundamente feliz.

Estamos llamados, todos, a vivir la castidad. La castidad es la virtud mediante la cual pongo todas mis energías sexuales al servicio de mi vocación. Eso, para una persona casada, supone tener relaciones con su mujer o su marido por amor y con apertura a la vida. Para un célibe, supone renunciar a las relaciones sexuales para poder entregarse con más fuerza e intensidad a su misión. Tú, como soltero, estás llamado a vivir la castidad en la continencia, es decir, a que toda tu capacidad de entregarte se centre en tu vocación: en tu entrega a tu familia, a tus amigos, a la gente que sufre, a tu comunidad, etc.

Dios concede largamente el don de la castidad a sus hijos. No nos pide nada sin antes capacitarnos para ello. Por eso, si por las circunstancias de tu vida, en tu vocación de soltero has de vivir el celibato, debes saber que Dios te va a dar gracia de sobra para poder vivirlo. Y para vivirlo sanamente, con alegría y naturalidad. Eso no quiere decir que en ocasiones no tengas caídas, más o menos grandes, como todo el mundo puede tener. Pero siempre que caigas, puedes acudir al sacramento de la

---

[2] Cfr. Jesús María Silva Castignani, *Sexo: cuándo y por qué. La sexualidad al desnudo*, Ediciones Palabra, Madrid 2018.

confesión para ser restaurado y retomar el ideal de continencia al que el Señor te llama. Él te sostendrá para que puedas vivirlo con alegría, incluso como fuente de plenitud.

En este sentido, la continencia, la castidad, el celibato no son una represión: son una renuncia. Reprimirse significa dejar algo por nada. Renunciar significa dejar una cosa por algo mejor. Si en tu vida, por tus circunstancias, Dios ha permitido que te quedes célibe, no se trata solo de que Él te va a dar fuerza para vivir la castidad, sino de que además va a hacer que esa renuncia que has tenido que hacer dé frutos.

Permíteme poner el ejemplo de un sacerdote. Su celibato le capacita para amar a todos por igual, para entregarse incondicionalmente a todos, a todas horas, le da libertad para poder ir a cualquier destino donde sea necesario. Su celibato es necesario para su entrega total. Piensa ahora en una persona que se ha quedado soltera para poder cuidar de sus padres. Ha renunciado al matrimonio —o se ha visto en la tesitura de tener que renunciar a él— para poder darse, entregarse, para poder amar, porque sabe que no puede dejar a sus padres desamparados, que le necesitan. Su celibato también es fecundo, como en el caso del sacerdote. A través de él se está entregando. Y además quizá esté ayudando en una parroquia, en Cáritas, como catequista, en un coro, en un voluntariado... Quizá esté ayudando a un hermano con sus sobrinos... Su vida está siendo fecunda, muy fecunda, para ella y para los demás. Ha renunciado a algo bueno, es cierto; pero a cambio recibe mucho más, porque «hay más alegría en dar que en recibir»[3].

Al leer esto presiento que puede haber alguna persona que se revuelva en el asiento, o incluso que resople y que reniegue

---

[3] *Hechos de los Apóstoles* 20, 35.

de lo que está leyendo. «¡Pues vaya! ¡Me quedo sin poder fundar una familia y me dices que eso es mejor para mí! ¡No me lo creo!».

Lo entiendo. La cuestión es que te has quedado soltero, por lo que sea. Partimos de tu situación actual, no de la situación ideal. En el momento en el que Dios ha permitido esto para ti, en ese momento sabemos que Dios puede sacar un bien del mal, te va a capacitar para vivir la castidad, y va a hacer que esa castidad dé fruto. Puedes ser fecundo de muchas maneras, no solo teniendo hijos. La fecundidad es un concepto más amplio que la fertilidad. Uno puede ser fecundo sirviendo a los demás, dándose, evangelizando, ayudando, etc. Puedes dar mucho fruto sin necesidad de tener relaciones sexuales o formar una familia.

No puedo por menos que traer a tu mente a san José. Piénsalo. Él pensaba casarse con María, nadie le había dicho nada de tener que ser célibe (que sepamos). Cuando ya está desposado con ella, cuando ella ya está esperando un hijo por obra del Espíritu Santo, es cuando se le pide que se vaya con María, que críe a Jesús y que sea célibe para toda la vida. ¡San José no eligió su celibato! ¡No le dieron opción! ¿Lo habías pensado alguna vez? Pero él no se rebeló. ¿Por qué? Porque creía firmemente que lo que Dios le pedía le iba a hacer mucho más feliz que todos los planes que él tuviera para sí mismo.

Por eso, sin discutir, acepta el plan de Dios y cuida de María y de Jesús. Probablemente estaría agradecidísimo de poder estar con la más excelsa de las criaturas, María, y con poder hacer las veces de padre nada menos que con el Hijo de Dios. ¿Puede pensarse vocación más grande? ¿Te imaginas que, ante esto, José solo hubiera dicho: «Pero entonces, ¿voy a quedarme sin tener relaciones sexuales toda mi vida?». ¡Menudo pensamiento más superficial! No, san José no se quedó con eso. Porque sabía que la voluntad de Dios es lo mejor, que el sexo no es una necesidad sin la cual te mueres, y que Dios le daría gracia suficiente para cumplir su vocación. Y fue feliz, profundamente feliz, y además, santo.

Por eso te invito a asumir y aceptar el celibato, la castidad, la continencia, no como algo que no te queda más remedio que abrazar, sino dando un paso al frente, como san José, y diciéndole un «sí» en mayúsculas a Dios. «Señor, si tu voluntad es que me haya quedado soltero, y que viva en castidad toda mi vida, hágase tu voluntad. Sé que me darás fuerza para poder vivirlo con alegría, y sé que, misteriosamente, a través de este celibato no elegido harás que mi vida dé un fruto sobreabundante como hiciste con san José. Dame la gracia de no renegar nunca de ti, de entregarme totalmente, y de no darle al sexo el poder sobre mi vida. Concédeme entregarme del todo y con alegría, como lo hizo san José».

Así que, en lugar de seguir dándole vueltas a tu celibato, abrázalo con sencillez, y mira de qué modo puedes hacer que tu castidad sea fecunda. Trata de ver dónde te está pidiendo Dios que te entregues, dónde puedes aportar toda tu vitalidad, mira a ver qué necesidades hay en tu ambiente, qué personas te necesitan, dónde puedes verter tu caridad. Y hazlo. Porque el Señor te llama a servir, igual que Él vino, no para ser servido, sino para servir y dar su vida por los demás[4].

«Cuando acabó de lavarles los pies, Jesús tomó el manto, se lo puso otra vez y les dijo: "¿Comprendéis lo que he hecho con vosotros? Vosotros me llamáis 'el Maestro' y 'el Señor', y decís bien, porque lo soy. Pues si yo, el Maestro y el Señor, os he lavado los pies, también vosotros debéis lavaros los pies unos

---

[4] Cfr. *Mateo* 20, 28.

a otros: os he dado ejemplo para que lo que yo he hecho con vosotros, vosotros también lo hagáis. En verdad, en verdad os digo: el criado no es más que su amo, ni el enviado es más que el que lo envía. Puesto que sabéis esto, dichosos vosotros si lo ponéis en práctica"»[5].

No hay mayor dignidad que la del servicio. «Servir es reinar»[6]. La soltería nos capacita para servir, para darnos sin reservas, para empeñar toda nuestra energía en el bien de los demás. No hay existencia más sublime que esta, a la que los teólogos llaman «pro-existencia»: vivir para los demás. La «pro-existencia» fue una de las características de la vida de Jesús, y, por la soltería célibe, Dios te permite vivirla también en tu vida. Ama, pues. Ama sirviendo. Ama sin límites. Pues quien ama, sirve. Y quien sirve, reina.

---

[5] *Juan* 13, 12-17.

[6] Concilio Vaticano II, Exhortación *Lumen Gentium*, 36.

Capítulo 9

LA ENTREGA DE LA VIDA

Como soltero, estás llamado a entregar la vida. Y la vida se entrega sirviendo a los demás, al prójimo, a los pobres, a la Iglesia. Espero que a estas alturas del libro haya ido calando esta verdad en tu corazón. No eres un «solterón», eres un soltero, y Dios te llama, en tus circunstancias concretas, a la entrega. Ahí puedes encontrar propiamente tu vocación concreta. En las cosas concretas a las que Dios te llama en tus circunstancias actuales.

Como laico, tu misión es doble: *la evangelización y la caridad.* En estos dos frentes debes «detectar» dónde y cómo te llama el Señor a dar fruto. Para ello, habiendo asumido tu historia, habiendo aceptado que Dios te llama en tus circunstancias concretas y que tu celibato es un don que te permite una entrega total, debes mirar a tu alrededor para ver dónde puedes dar vida, dónde puedes ser luz, dónde puedes cambiar las cosas. Puede ser en tu propia familia, en tu trabajo, en tu vecindario, en tu parroquia, en un voluntariado, con tus hijos o padres o hermanos, o como misionero (hay muchos laicos misioneros).

Aquí te voy a presentar un modelo de discernimiento que he desarrollado para poder afinar en la búsqueda de la voluntad de Dios. Dios muchas veces no nos habla directamente. A la madre Teresa de Calcuta le habló directamente al corazón para que se fuera con los más pobres entre los pobres. Pero a la mayoría de la gente Dios no nos habla así, sino que nos habla por las circunstancias, por los anhelos, por la oración, por aquello de lo que somos capaces, etc. Así que te presento el protocolo ACNÉ.

A: Anhelos

C: Cualidades

N: Necesidades

E: Espiritualidad

1. Anhelos: deseos, inquietudes. ¿Qué hay en tu corazón? ¿Qué bulle en él? ¿Qué es lo que deseas? ¿Qué es lo que a ti te gusta? ¿Qué es lo que a ti te llena? Ahí también nos viene la voz de Dios, que nos habla a través de nuestros deseos, de nuestros anhelos e inquietudes.

Hay muchas veces que uno tiene que pararse a pensar: ¿Qué es lo que yo deseo? ¿Cuál es mi anhelo? ¿Cómo me veo yo? ¿Me veo sentado en la mesa de un ordenador, escribiendo? ¿Me veo en un país, en cooperación, ayudando a los pobres y en misión? ¿Deseo ayudar a la gente que lo necesita? ¿O deseo realizarme intelectualmente? ¿O deseo almacenar conocimientos, porque me encanta leer? ¿O deseo ayudar a la gente a la que nadie escucha, porque me siento capaz de escuchar y veo que hay mucha gente que está muy sola?

Los deseos, los anhelos y las inquietudes del corazón pueden ser voces de Dios, que nos enseñan dónde nos está llamando Él a entregarnos como solteros. Pueden ser un indicador de hacia dónde tengo que tirar. Obviamente, hay que combinar las «C» (las cualidades) con la «A» (los anhelos). Si yo, por ejemplo, siento un gran anhelo de ayudar a construir pozos en el Tercer Mundo, tendré que aprender a construir pozos para poder llevarlos al Tercer Mundo. En ese sentido, los anhelos también nos hacen desarrollar cualidades que, a lo mejor, podemos no tener por naturaleza pero que podemos aprender.

2. Cualidades: mis atributos, mis características, los dones que yo tengo. ¿De qué soy capaz? ¿Qué es aquello que yo puedo hacer por naturaleza, que se me da bien? ¿Se me da bien escuchar? ¿Se me da bien ser empático? ¿Se me da bien hacer reír? ¿Se me da bien la música? ¿Se me da bien enseñar? ¿Se me da bien comunicar? ¿Se me da bien acompañar?

Tenemos que ser muy conscientes de nuestras capacidades y de nuestros dones. Es bueno que hagas una lista de tus cualidades. Eso puede ser muy difícil porque a veces pensamos que eso puede ser soberbia o falta de humildad, o lo que sea, pero no es cierto. Cuando uno simplemente reconoce sus dones, lo que hace es ser objetivo con lo que ha recibido de Dios. Pues nuestras capacidades son un regalo que Él nos ha hecho para que lo pongamos a su servicio y al servicio de los demás.

Es muy importante que tengamos claros nuestros dones, cualidades, atributos, talentos… Aquello que tenemos por naturaleza o que hemos desarrollado. Esto es fundamental para descubrir, como solteros, cuál es nuestro propósito y cuál es nuestra vocación. ¿Por qué? Porque lo que no podemos hacer, no lo podemos hacer. Si yo digo: «No, es que mi vocación es la música», pero tengo un oído en frente del otro y no soy capaz de distinguir un do de un *fu remol,* pues entonces obviamente es muy difícil que la música sea mi vocación.

Siempre el propósito tiene que partir **de la realidad.** De la realidad de lo que yo soy, lo que implica reconocer mis dones, mis características y mis atributos.

3. Las necesidades. Hasta ahora nos hemos mirado a nosotros mismos (mis cualidades, mis anhelos), pero para poder encontrar tu vocación es muy importante que mires fuera de ti, y que veas qué necesidades hay en el mundo, porque el ser humano no ha sido creado para sí mismo, sino que ha sido creado para los demás, ha sido creado para darse. De hecho, cuando uno se da, cuando uno se entrega, cuando uno hace algo que no le trae un bien solamente a él, sino que aporta un bien social, un bien al mundo, a la comunidad, uno se siente más realizado.

Por tanto, para averiguar cuál es tu vocación en concreto como soltero, también tienes que mirar cuáles son las necesidades del mundo, de tu entorno, de donde desarrollas tu vida. Y entonces, esas necesidades pueden interpelarte. Si yo veo una necesidad, puede que se despierte en mí un anhelo, y entonces ese anhelo me puede llevar a utilizar mis cualidades para poder atender esa necesidad. Fíjate que en ese punto confluyen tus cualidades, tus anhelos y las necesidades.

Es muy importante mirar qué necesita nuestro mundo. Hay gente que tiene una vista muy lejana, tanto en el tiempo, de cara al futuro, como en el espacio, de cara a otros países, y hay gente que tiene otra mirada más cercana (el vecindario, mi barrio, mi familia, mi tierra, mi país, mi empresa...). En todo caso, el cristiano debe tener un «radar» para detectar las necesidades de su entorno, y saber que Dios le llama a servir ahí.

4. Espiritualidad. Es la parte más espiritual: rezar, reflexionar, meditar. Esa parte de discernimiento tiene que ver con pensar bien las cosas, y, conociendo mis anhelos, mis cualidades y las necesidades, mirar qué es lo que Dios quiere de mí, cuál es mi propósito en concreto, en este momento, en este lugar.

El discernimiento espiritual también implica hablar con una persona que me ayude, alguien que desde fuera me ayude a discernir, porque nosotros muchas veces no somos objetivos con nosotros mismos. Lo digo porque una persona, por ejemplo, puede tener un gran anhelo de ayudar a la gente, gran capacidad y ver que hay una gran necesidad, pero a lo mejor está quemado, deprimido o tiene una enfermedad, y no puede o no debe emprender ese camino.

A veces hace falta un discernimiento de alguien externo que te ayude a darte cuenta de las cosas, a ser más objetivo contigo mismo. No es alguien que te tiene que decir lo que tienes que hacer, pero sí que te puede ayudar para saber, más o menos, cómo gestionar esas tres cosas (anhelos, cualidades y necesidades). Aunque el discernimiento más importante es el que uno realiza personalmente en su vida espiritual a través de la oración.

No hay que ser impulsivos cuando uno quiere buscar su propósito. Cuando uno ve sus cualidades, sus anhelos y las necesidades, no tiene que lanzarse a actuar irreflexivamente y a lo loco, sino que tiene que pararse a discernir, a buscar la voluntad de Dios. Si puede ser, por escrito. Rezando y mirando. «Vale, Señor, tengo estas cualidades que Tú me has dado. Tengo estos anhelos, que puede que Tú me hayas puesto. Veo esta necesidad. ¿Qué quieres Tú? ¿Cuál es tu voluntad?». Y entonces, madurarlo en la oración, en la reflexión, escribir los pros y los contras, y consultarlo con gente para hacer un discernimiento antes de embarcarte en ese propósito, que es como la confluencia de esas cuatro cosas, formando una cruz. Así puedes ver en concreto a qué te llama Dios como soltero.

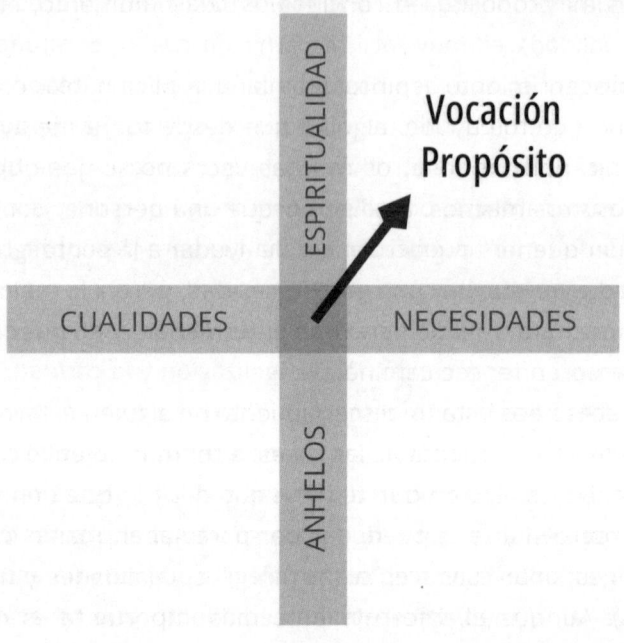

A veces, la vocación o el propósito uno lo recibe por iluminación directa del Espíritu Santo, y puede pasar que el primer factor no sean los anhelos o las cualidades o las necesidades, sino directamente una intervención divina, una inspiración, una luz que te viene... Es decir, la vocación o el propósito puede empezar por cualquiera de las cuatro cosas. Puede empezar por los anhelos, puede empezar por las necesidades, o puede empezar por esa iluminación espiritual, en la cual Dios te dice: «Oye, haz esto».

Cada uno puede ir viendo en su vida por cuál de estos puntos le entra la inquietud por el propósito y, teniendo los cuatro factores presentes, llegar a descubrir cuál es ese propósito y concentrar todas las fuerzas de su ser en cumplir ese propósito, bien sea algo que te pida hoy Dios o bien sea a largo plazo respecto de tu vida como soltero.

Con la metodología ACNÉ (anhelos, cualidades, necesidades, espiritualidad), es muy fácil discernir en cualquier situación, y podemos tener una idea bastante certera de qué debemos hacer en concreto en nuestra vida como solteros. Para poder llevarlo a cabo hace falta, obviamente, sentarse y darle tiempo; hace falta analizarse, ponerlo por escrito y hacer un ejercicio de reflexión que nos puede dar mucha luz para descubrir cuál es nuestro propósito.

Enfoca esta metodología hacia esas dos cosas en las que estás llamado a ser fecundo: la evangelización y la caridad. Quizá hasta ahora has estado demasiado centrado en ti mismo, en lo que te pasa, en tu soltería, con miedo a tu futuro. Puede que hayas estado haciendo labores diversas con las que has rellenado tu tiempo. Aquí se trata de dar un giro total al planteamiento. Asumir tu soltería, y aceptar con alegría que tu vida está para entregarla, y, mediante este procedimiento que te acabo de explicar, entregarte en cosas concretas. Todos los ámbitos son susceptibles de evangelización y de caridad.

Es necesario que cada persona haga un discernimiento personal en sus circunstancias, quizá acompañado y ayudado de alguna persona espiritual, porque cada persona es un mundo, y Dios a cada uno nos llama a cosas muy concretas. En tu soltería, te invito a hacer este discernimiento, a tomar las riendas de tu vida, a dejar de mirar al pasado y a entregarte en el presente, hoy, aquí, ahora. Porque entregando tu vida serás feliz.

«Salió luego hacia las nueve de la mañana, vio otros que estaban en la plaza desocupados y les dijo: "Id también vosotros a mi viña" (*Mt* 20, 3-4). El llamamiento del Señor Jesús "id también vosotros a mi viña" no cesa de resonar en el curso de la historia desde aquel lejano día: se dirige a cada hombre que viene a este mundo. Id también vosotros. La llamada no se dirige solo a los pastores, a los sacerdotes, a los religiosos y religiosas, sino que se extiende a todos: también los fieles laicos son llamados personalmente por el Señor, de quien reciben una misión en favor de la Iglesia y del mundo.

»Este Sacrosanto Concilio ruega en el Señor a todos los laicos que respondan con ánimo generoso y prontitud de corazón a la voz de Cristo, que en esta hora invita a todos con mayor insistencia, y a los impulsos del Espíritu Santo. El mismo Señor, en efecto, invita de nuevo a todos los laicos, por medio de este santo Concilio, a que se le unan cada día más íntimamente y a que, haciendo propio todo lo suyo, se asocien a su misión salvadora; de nuevo los envía a todas las ciudades y lugares a donde Él está por venir.

»Dirigiendo la mirada al posconcilio, los Padres sinodales han podido comprobar cómo el Espíritu Santo ha seguido rejuveneciendo la Iglesia, suscitando nuevas energías de santidad y de participación en tantos fieles laicos. Ello queda testificado, entre otras cosas, por el nuevo estilo de colaboración entre sacerdotes, religiosos y fieles laicos; por la participación activa en la liturgia, en el anuncio de la Palabra de Dios y en la catequesis; por los múltiples servicios y tareas confiados a los fieles laicos y asumidos por ellos; por el lozano florecer de grupos, asociaciones y movimientos de espiritualidad y de compromiso laicales; por la participación más amplia y significativa de la mujer en la vida de la Iglesia y en el desarrollo de la sociedad»[1].

«No hay vocación más religiosa que el trabajo. Un laico católico, hombre o mujer, es alguien que toma el trabajo en serio. Solo el cristianismo ha dado un sentido religioso al trabajo y reconoce el valor espiritual del progreso tecnológico. Tenéis como

---

[1] SAN JUAN PABLO II, Exhortación *Christifideles Laici*, 2.

finalidad la santificación de la vida permaneciendo en el mundo, en el propio puesto de trabajo y de profesión: vivir el Evangelio en el mundo, viviendo verdaderamente inmersos en el mundo, pero para transformarlo y redimirlo con el propio amor de Cristo. Realmente es un gran ideal el vuestro. Tal es vuestro mensaje y vuestra espiritualidad: vivir unidos a Dios en medio del mundo, en cualquier situación, cada uno luchando por ser mejor con la ayuda de la gracia, y dando a conocer a Jesucristo con el testimonio de la propia vida.

»¿Hay algo más bello y más apasionante que este ideal? Vosotros, insertos y mezclados en esta humanidad alegre y dolorosa, queréis amarla, iluminarla, salvarla: ¡benditos seáis y siempre animosos en este vuestro intento! Vale la pena dedicarse al hombre por Cristo, para llevarle a Él, para elevarlo, para ayudarle en el camino hacia la eternidad; vale la pena por el Reino del Señor vivir ese precioso valor del cristianismo: el celibato apostólico. Sed testigos de Cristo frente a vuestros coetáneos. De este modo fortaleceréis vuestra vida de creyentes seguros de comprometeros en una causa grande y podréis seguir la voz del Espíritu Santo. Y si esta voz os llama a un amor más elevado y generoso, no tengáis miedo»[2].

Existe un aspecto más a tener en cuenta en relación con vuestra misión propia como solteros en el mundo: el testimonio. A veces, vuestra vida ha podido ser muy dura, a causa de una enfermedad, de un proyecto de vida que se ha truncado, de una condición no elegida... Ya hemos visto muchas variables que os han podido llevar a quedaros solteros. Pues bien, también podéis ayudar con vuestro testimonio a otras personas que estén pasando por lo mismo, para que vean cómo pueden encontrar

---

[2] San Juan Pablo II, *Homilía del 19 de agosto de 1979*.

su propia vocación o cómo deben obrar ante sus circunstancias. O podéis dar testimonio, según vuestra experiencia, a los jóvenes, para que ellos puedan evitar errores con los que quizá vosotros hayáis podido tropezar en vuestra vida. ¡Cuántos testimonios de personas que han vivido —o dejado de vivir— ciertas cosas han ayudado a muchos jóvenes a abrir los ojos y a acertar en el camino! Por eso mismo, también vosotros con vuestro testimonio, público y privado, podéis aportar mucho.

Bien sea en el tú a tú, o solo con el silencio de vuestra vida, o también ofreciéndoos en vuestra parroquia o movimiento a dar un testimonio a los más jóvenes, o incluso atreviéndoos a compartir vuestra historia y vuestros consejos por las redes sociales. ¡Podéis hacer tanto bien! No dejéis de hacerlo. Vuestro testimonio puede ser un ancla de salvación para muchas personas.

Capítulo 10

NO ES BUENO QUE
EL HOMBRE ESTÉ SOLO

Esta frase se encuentra al comienzo del libro del Génesis[1]. Dios no nos ha creado para la soledad, salvo a algunas personas —los eremitas— a los que les ha dado esa vocación peculiar. Y particularmente a ti, un laico soltero en medio del mundo, Dios no te llama a estar solo. A veces caemos en contraponer extremos. Casarse *versus* estar solo. Eso no es así. Un soltero no tiene por qué estar solo, es más, no debe estar solo. Está llamado también a una vida de comunidad. Esa comunidad puede que no sea un esposo o esposa y unos hijos, es decir, una familia propia. Puede tomar muchas formas. Pero precisamente una de las cosas que distingue a un solterón de un soltero es que el soltero no busca la soledad como excusa para centrar su vida en sí mismo, sino que es capaz de salir de sí mismo y vivir entregándose a los demás.

Si nos ponemos académicos, podemos decir que la vida cristiana, desde el principio, se basa en cinco pilares: *koinonía*

---

[1] *Génesis* 2, 18.

(comunidad y comunión), *diakonía* (servicio y caridad), *didaskalía* (enseñanza y aprendizaje), *martyría* (testimonio y evangelización) y *leiturgía* (sacramentos y vida espiritual). Como soltero, tienes que integrar estos cinco bloques en tu vida cristiana. Es necesario que te formes, que sirvas, que testimonies y que cuides tu espiritualidad; pero es también necesario que cuides tu vida de comunidad. A veces, en nuestro mundo, que es tan individualista, cuidamos todo, pero descuidamos la dimensión comunitaria. Y, sin embargo, es fundamental.

Cada soltero tiene que ver cómo vivir esa vida de comunidad. Puede que sea en tu familia, con tus padres o hermanos o familiares. Puede que sea —también— en tu parroquia; en algún grupo donde puedas compartir la vida, o con amistades como catequista o con el equipo de Cáritas. Puede que sea en algún movimiento de la Iglesia en el que puedes encontrar un hogar y un grupo con el que vivir la fe.

Puede que sea también con otras personas solteras. Cada vez hay más personas que, por diversas circunstancias, se quedan solteras. Creo que algo que debemos hacer en la Iglesia es ofrecer comunidades a esas personas. Pero también creo que sois vosotros los que debéis promover esa iniciativa. Eso va desde grupos de formación, oración y amistad, hasta incluso el planteamiento de una cierta vida en comunidad.

Si en una parroquia, por ejemplo, hay tres mujeres solteras que se llevan bien y comparten la fe, ¿por qué no prueban a vivir en comunidad? Así no tendrían que lidiar con la soledad, que quizá no es su vocación. Cuando llevas mucho tiempo viviendo solo, a veces te puede costar abrirte a vivir con otros porque ya te has acomodado a la vida de soltero, y tienes tus manías. Eso puede hacer difícil el empezar a vivir en comunidad. Pero es necesario hacer un discernimiento. ¿Y si el Señor suscita esto en tu vida, en tu parroquia, en tu movimiento o con tus amistades? ¿Dejarías de vivir en comunidad por una cuestión de comodidad? ¿No es mejor y más sana la vida en común?

Obviamente, cuando hablo de vida en comunidad no hablo solo de «compartir piso». Esa vida comunitaria que puede darse entre personas solteras puede implicar, por ejemplo, rezar juntos por la mañana los laudes o alguna oración, ir juntos a misa a diario o el fin de semana, comprometerse juntos en alguna actividad de caridad, tener una reunión semanal para compartir la vida y charlar, rezar el rosario juntos, rezar vísperas por la tarde o completas antes de dormir, etc. No sería un «piso de estudiantes» en el que simplemente se reparten las tareas, sino una auténtica nueva forma de comunidad. ¿Y si el Señor quiere suscitar esta forma nueva de vida comunitaria?

En todo caso, debes saber que el hecho de que te hayas quedado soltero no quiere decir que vas a estar solo. La Iglesia es una gran familia, donde todos tenemos cabida y podemos encontrar un lugar. Quizá eso no implique estar siempre acompañado de gente. Hay gente que tiene «fobia» a estar sola. Pero no pasa nada si hay momentos del día o de tu vida en que estás solo o sola, con tal de que haya otros momentos de vida en común. No se trata de estar acompañado a toda costa ni de dejar que la ansiedad ante el estar solo te haga querer estar siempre con gente. Se trata de buscar de qué modo y en qué medida Dios te llama a una vida comunitaria en tus circunstancias concretas.

En la Iglesia, como he dicho, siempre tendrás un lugar y una comunidad. Pero es que además los cristianos sabemos que nunca estamos solos. Estamos inhabitados por la Santísima Trinidad; Dios vive en nosotros. Por eso, incluso en los momentos de soledad, que en ocasiones son inevitables, hemos de volvernos a Dios y refugiarnos en Él, sabiendo que nunca nos deja solos, que siempre nos acompaña, que tenemos su amor constante, que Él se preocupa por nosotros y que ni siquiera se nos cae un cabello sin que Él lo sepa y lo permita. Insisto en que Dios no nos ha creado para la soledad y que cada uno hemos de ver cómo podemos vivir la dimensión comunitaria de la vida cristiana. Pero incluso cuando a veces no nos queda otra que estar solos, no estamos realmente solos. Estamos acompañados por el Padre, el Hijo y el Espíritu Santo, por la santísima Virgen María, por nuestro Ángel Custodio y por todos los ángeles y santos.

Discierne, pues, de qué modo Dios te llama a vivir en comunidad. No tengas miedo de proponer nuevas sendas y de abrir nuevos caminos en este sentido, porque los solteros sois una realidad de la Iglesia que tiene que encontrar su lugar en ella. No esperes a que te lo den todo hecho: muévete. Busca por grupos, movimientos, parroquias, hasta que encuentres tu lugar. Propón un modelo de vida comunitaria que pueda ayudarte a vivir mejor la fe. No te conformes con una soledad forzosa. Y si, en todo caso, tienes esos momentos de soledad, recuerda que realmente no estás solo.

«El fiel laico no puede jamás cerrarse sobre sí mismo, aislándose espiritualmente de la comunidad; sino que debe vivir en un continuo intercambio con los demás, con un vivo sentido de fraternidad, en el gozo de una igual dignidad y en el empeño por hacer fructificar, junto con los demás, el inmenso tesoro recibido en herencia. El Espíritu del Señor le confiere, como también a los demás, múltiples carismas; le invita a tomar parte en diferentes ministerios y encargos; le recuerda, como también recuerda a los otros en relación con él, que todo aquello que le distingue no significa una mayor dignidad, sino una especial y complementaria habilitación al servicio. De esta manera, los carismas, los ministerios, los encargos y los servicios del fiel laico existen en la comunión y para la comunión. Son riquezas que se complementan entre sí en favor de todos, bajo la guía prudente de los Pastores»[2].

---

[2] San Juan Pablo II, Exhortación *Christifideles Laici*, 20.

Capítulo 11

LA FAMILIA AMPLIADA

«El pequeño núcleo familiar no debería aislarse de la familia ampliada, donde están los padres, los tíos, los primos e incluso los vecinos. En esa familia grande puede haber algunos necesitados de ayuda, o al menos de compañía y de gestos de afecto, o puede haber grandes sufrimientos que necesitan un consuelo. El individualismo de estos tiempos a veces lleva a encerrarse en un pequeño nido de seguridad y a sentir a los otros como un peligro molesto. Sin embargo, ese aislamiento no brinda más paz y felicidad, sino que cierra el corazón de la familia y la priva de la amplitud de la existencia.

»La familia grande no puede ser ignorada. Esta familia grande debería integrar con mucho amor a las madres adolescentes, a los niños sin padres, a las mujeres solas que deben llevar adelante la educación de sus hijos, a las personas con alguna discapacidad que requieren mucho afecto y cercanía, a los jóvenes que luchan contra una adicción, a los solteros, separados o viudos que sufren la soledad, a los ancianos y enfermos que no reciben el apoyo de sus hijos, y en su seno tienen cabida incluso los más desastrosos en las conductas de su vida»[1].

---

[1] PAPA FRANCISCO, Exhortación *Amoris Laetitia*, 187, 196—197.

Hoy en día, a veces tenemos un concepto muy estrecho de familia, y eso causa no pocos sufrimientos a las personas solteras, que piensan que «se han quedado sin familia». El Papa nos invita a mirar más allá, a romper las fronteras, a entender la familia de un modo amplio y ampliado. Ir más allá de nuestros padres y hermanos, a nuestros primos, sobrinos, amigos, conocidos, vecinos, a las personas necesitadas... Todos ellos necesitan también una familia. Y a veces nosotros estamos mirando solo qué «necesitamos» nosotros y no nos damos cuenta de que hay gente más allá de nosotros que nos necesita.

Los solteros podéis ser aglutinantes de familias ampliadas, puntos de encuentro de muchas personas que quizá están solas o necesitadas: ancianos, discapacitados, pobres... ¿Por qué no organizar una cena de Navidad en la parroquia con los ancianos que están solos? ¿Por qué no acercarme a mis sobrinos o a mis primos para saber de su vida? ¿Por qué no acercarme a la residencia o al centro de discapacitados para brindar una familia a quien no la tiene? Incluso yendo más allá, ¿por qué no acoger en mi casa, si eso es posible, a un niño huérfano o que está en proceso de acogida?

Necesitamos gente que se haga cargo de los demás. En esta sociedad tan individualista y solitaria, necesitamos gente que salga al encuentro del otro, que genere humanidad y encuentro, que ayude a los que están más solos y vulnerables. Y creo que ahí el Señor os está llamando particularmente a los solteros. Tenéis muchísimo que aportar. Necesitamos que ampliéis los horizontes de la familia. Y eso será bueno tanto para vosotros, que por circunstancias os habéis quedado solteros, como para los demás, a quienes podréis acoger y ayudar.

Necesitamos que las parroquias sean familias de familias, que en ellas todos se sientan en casa, que todos sean acogidos y encuentren su lugar. Esto no depende de los sacerdotes, que muchas veces están sobrepasados de trabajo y de responsabilidades. Depende de los laicos. Vosotros podéis acoger a la gente nueva que viene a misa, preguntar al que veis llorando, acompañar al que está solo en casa y no puede salir, estar pendientes de esa persona que hace tiempo que no viene. Podéis dar calor y ser hogar en nuestras parroquias y comunidades, en nuestras comunidades de vecinos y en nuestros barrios. Quizá ha llegado la hora de dejar de preguntarnos «qué va a ser de nosotros» para empezar a preguntarnos «qué voy a hacer yo respecto de los demás».

En tu misión con la «familia ampliada» se juega tu vocación, todo el bien que puedes hacer, y además tu propia vida en comunidad. Paradójicamente, sois los que estáis «solos» los que más podéis hacer para que nadie esté solo.

Capítulo 12

UNAS PALABRAS PARA
LAS PERSONAS HOMOSEXUALES

(Lee también este capítulo, aunque no sea tu caso)

Sé que no habéis elegido vuestra orientación. Hay mucha gente aún que no entiende esto. Cuando uno de vosotros le cuenta a sus padres lo que siente, a veces estos se disgustan, se enfadan, se culpan y se preguntan: ¿Qué hemos hecho «mal»? Sé lo desagradable que es para vosotros escuchar esto. Por eso, muchos preferís no decir nada. Mucha gente no entiende que no elegís lo que sentís, lo que os gusta u os atrae. Es por eso por lo que tantas veces os habéis sentido heridos, en silencio, por las palabras o las ideas de los creyentes. Y también de los sacerdotes, que en muchas ocasiones no han sido coherentes con la propia enseñanza del Magisterio de diferenciar entre personas y actos, pareciendo que rechazaban tanto a las primeras como a los segundos.

Sé lo difícil que ha sido para vosotros descubrir esa atracción, tener una lucha interior a causa de ella, sé lo que es el sufrimiento que habéis padecido en muchas circunstancias, sé lo duro que ha sido acabar admitiendo lo que sentís. Y sé que muchos, después de eso, habéis salido del armario, y otros habéis preferido guardar en silencio vuestra orientación. Quizá por miedo, vergüenza o simplemente porque habéis abrazado la idea de vivir en castidad.

¿Que cómo lo sé? Porque he acompañado y acompaño espiritualmente a muchas personas como vosotros. Y muchos me han contado los procesos, las dificultades y los problemas con los que habéis tenido que lidiar. He tenido que explicar a muchas personas que la orientación sexual no se elige, y que es precisamente por eso por lo que la Iglesia dice que, igual que todo el mundo, debéis ser acogidos con compasión y delicadeza y que hay que evitar sobre vosotros cualquier tipo de juicio y discriminación injusta.

Por eso en ningún momento la Iglesia dice que la tendencia homosexual (o cualquier otra) sea pecado. Algo que no se elige no es pecado. Es como es. Y aceptarlo es parte del proceso de llegar a ser vosotros mismos. Esto que estoy diciendo escandalizará a mucha gente, porque no os entiende. Quizá hay gente que piensa que sois unos viciosos o unos pecadores, o que en el fondo estáis depravados o sois malos. Yo sé que eso es mentira. Me consta fehacientemente, por muchos testimonios, lo complicado que os ha resultado reconocer y aceptar esa atracción. Sé que muchos habéis intentado estar con personas del otro sexo, ignorar el problema, rezar para que «se os quite» esa atracción. Y que finalmente habéis tenido que ceder a la evidencia: eso es lo que sentís.

No voy a entrar aquí en las causas de vuestra orientación. Es suficiente con saber que no la habéis elegido. Desde aquí, muchos habréis tenido diferentes caminos. Conozco personas que han explotado su potencial heterosexual y han dejado atrás la tendencia homosexual. Pero en muchos casos, esto no ha sucedido. Siendo creyentes, algunos intentaréis vivir la castidad, con mayor o menos acierto. Otros habréis vivido una vida sexualmente activa, para pasar quizá después a un periodo de castidad. Otros seguiréis con una vida sexual activa, intentando compaginarla con vuestra fe, seguramente a duras penas. Otros quizá estéis esperando que «la Iglesia cambie» para que deje de considerar desordenada vuestra atracción y vuestras relaciones.

Pero en todos los casos, vuestra fe supone un conflicto con lo que sentís. Lo sé. Las preguntas se agolpan en vuestro corazón. ¿Por qué tengo que vivir la castidad? ¿Por qué no me puedo casar? ¿Debería quizá ser sacerdote? ¿Dios me ha hecho así? Si no es así, ¿por qué tengo que lidiar con esto? ¿Acaso no puedo elegir? ¿Realmente quiero elegir? ¿Por qué no probar? ¿Qué tiene de malo tener pareja? Tantas, tantas preguntas que se agolpan en el corazón y la mente, que os inquietan, tantas experiencias de vida, tantas caídas y recaídas... Y tantas voces en la Iglesia que os dicen tantas cosas distintas...

Grupos en los que os dicen que os dejéis llevar por vuestra atracción y tengáis relaciones, grupos en los que incluso conocéis sacerdotes que lo hacen, grupos que os invitan a tener una pareja estable, grupos que os invitan a la castidad, grupos que os invitan a hacer presión para que la Iglesia cambie... Todos ellos, con mejor o peor intención. Pero grupos que no dan respuesta en el fondo al anhelo del corazón.

Porque vuestro corazón está hecho para Cristo. Vuestra sed de amor es sed del amor de Cristo. Vuestro anhelo es anhelo de Cristo. Y fuera de Cristo nada os saciará. Los placeres mundanos se pasan. Y la inmensa mayoría de las relaciones homosexuales sabéis perfectamente que también pasan, que no suelen durar, que muy muy raramente duran de por vida. Pero el amor de

Cristo no pasa nunca. Y ese amor lo tenéis al alcance de vuestra mano en la Eucaristía, en la Penitencia, en la oración, en la comunidad cristiana, en el ejercicio de la caridad. No tenéis que buscarlo en brazos de otros hombres o mujeres, ni en la aceptación de un colectivo, ni en el cambio de la doctrina de la Iglesia.

Todo eso es proyectar hacia fuera una necesidad interior. La necesidad de ser amado y aceptado incondicionalmente. Y he aquí la cuestión. No encontraréis en ninguna relación humana ese amor. Ninguna relación humana llegará a saciaros. Eso es lo que significa que estáis llamados a vivir la castidad. No es represión, no es que os digamos que no améis, no es un premio de consolación. En vosotros se palpa de un modo descarnadamente humano que el corazón del hombre ha sido creado para Dios, y solo en Dios puede descansar.

¿Cuántos hombres y mujeres heterosexuales hoy en día van de cama en cama, de relación en relación? ¿Cuántos de ellos piensan que el éxito en la vida pasa por tener éxito en el sexo? Vosotros sabéis lo equivocados que están. Por eso tampoco se sienten llenos. Nada les basta. Siempre tienen sed. Incluso aquellos que tienen una «pareja estable». Les falta lo más grande, lo más importante: Cristo. Cuando uno tiene este amor, no «necesita» el sexo. Las prioridades en la vida se desplazan.

Nuestro mundo exalta tanto el sexo que no cree que se pueda vivir sin él. Lo trata como un asunto animal, denigrándolo a unos niveles inimaginables. A los sacerdotes nos acusa, sin saber, de no vivir en realidad el celibato, de tener «apaños», de ser pederastas. También a vosotros os han hecho creer esto: que no podéis vivir sin sexo. Pero no es cierto. Muchos, muchos jóvenes, heterosexuales y homosexuales, me han dicho en varias ocasiones: el sexo está sobrevalorado. Y en el fondo, sabéis que esto es verdad. No da lo que promete. Pero Cristo, sí.

Por eso se puede ser casto, es decir, se puede vivir solo del amor de Dios. Él nos da su gracia, de sobra, para poder vivir así. A veces con caídas, con torpezas, con momentos de duda. Sí. Esa es la condición humana. Como el casado que se ve tentado a liarse con la secretaria, o que se plantea si hizo bien al casarse con esa mujer y no con otra, o que cae en la pornografía y en la masturbación, siendo así infiel a su esposa. ¿No es la vida, en el fondo, igual para todos? ¿No pide la Iglesia lo mismo a todos? Ser castos, cada uno en su estado. A los novios, guardarse para el matrimonio. A los casados, no buscarse con lujuria, sino con amor y entrega. A los célibes, renunciar al uso de la genitalidad. A los homosexuales, no dejarse arrastrar por vuestra orientación.

Sé lo difícil que es un celibato no elegido libremente, sino «impuesto» por vuestra orientación. Pero precisamente cuando entendemos que el sexo no lo es todo y que quien llena el corazón es Cristo, relativizamos incluso ese celibato «impuesto». Eso es lo que le pasó a san José. Él se casó con María dispuesto, como cualquier hombre, a tener un matrimonio «normal». Y, sin embargo, una vez desposado, cuando ya no hay vuelta atrás, le piden que sea célibe el resto de su vida. Él no se quejó, porque sabía que el plan de Dios es mejor que el nuestro, que el Señor le podía hacer feliz, que cuidar del Hijo de Dios y de su Madre era mucho más importante que tener relaciones, que el Señor le daría la gracia para vivir aquello que le pedía.

Por eso, de un modo muy especial y particular, san José es vuestro modelo. El modelo de una llamada al celibato no elegido pero aceptado libremente como expresión de que la persona no se realiza solo —ni mucho menos— en el ámbito de la sexualidad, sino en la entrega confiada al plan de Dios y a su profundo amor, que sí colma el corazón. ¡Cuántos solterones tristes vemos en nuestro mundo a los que se le ha pasado el arroz! A veces son divorciados, o directamente personas que no han llegado a casarse. Han tenido sexo y relaciones, pero ¿les veis felices? No. Les falta lo más importante. Y por eso no importa el número de parejas que tengan. Mientras no conozcan el amor de Cristo, nada les saciará. Y, una vez que lo conozcan, se darán cuenta de que no necesitan relaciones y sexo para ser felices. Solo entregarse al Amor de los Amores.

Vosotros ya podéis hacerlo. No necesitáis pasar por los desengaños y las vanas promesas que no se cumplen. Permitidme que os diga —y perdonad si os molesta—: dichosos vosotros. Si os fiais de Dios, si sois capaces de ser dueños de vuestros instintos, si os animáis a vivir la castidad con alegría, no sufriréis la «tribulación de la carne» (*1 Co* 7, 8). Podréis adelantar a este mundo el modo de vida propio del cielo, donde los hombres ya no se casarán porque serán como ángeles (*Mt* 22, 30). Y no estaréis solos. Dios nunca os dejará solos. La Iglesia, los sacerdotes, nunca os dejaremos solos.

Así que, ¡ánimo, ánimo! Responded a vuestra vocación a la castidad sin miedo y con alegría, como un reto gozoso que, a pesar de las caídas, os dará la paz. Esa paz que es tan importante, imprescindible. Esa paz que, quizá, aún no habéis hallado porque aún no os habéis arrojado en brazos del más bello de los hombres, el único que sacia nuestro corazón, el único que os puede colmar más allá de lo que soñáis o imagináis: Jesucristo.

Capítulo 13

CONCLUSIÓN

«Deseo añadir una palabra en favor de una categoría de personas que, por la situación concreta en la que viven —a menudo no por voluntad deliberada—, considero especialmente cercanas al Corazón de Cristo, dignas del afecto y solicitud activa de la Iglesia, así como de los pastores.

»Hay en el mundo muchas personas que desgraciadamente no tienen en absoluto lo que con propiedad se llama una familia. Grandes sectores de la humanidad viven en condiciones de enorme pobreza, donde la promiscuidad, la falta de vivienda, la irregularidad de relaciones y la grave carencia de cultura no permiten poder hablar de verdadera familia. Hay otras personas que por motivos diversos se han quedado solas en el mundo. Sin embargo, para todas ellas existe una "buena nueva de la familia".

»A los que no tienen una familia natural, hay que abrirles todavía más las puertas de la gran familia que es la Iglesia, la cual se concreta a su vez en la familia diocesana y parroquial, en las comunidades eclesiales de base o en los movimientos apostólicos. Nadie se sienta sin familia en este mundo: la Iglesia es casa y familia para todos, especialmente para cuantos están fatigados y cargados»[1].

---

[1] San Juan Pablo II, Exhortación *Familiaris Consortio*, 85.

Llegamos al final de este libro. Espero que te haya ayudado a dar una nueva orientación a tu vida como soltero. O al menos que te haya enriquecido en algo. Lo cierto es que muchas veces nos hemos detenido en la identidad de sacerdotes, religiosos o casados, pero muchas veces hemos dejado de lado la identidad verdaderamente importante, la que tenemos como bautizados, como cristianos, como llamados a la santidad. Este libro ha querido reivindicar esa grande y sublime vocación, mucho más alta que ninguna de las «vocaciones de estado», de la que sois partícipes los solteros.

Tenéis una misión en la Iglesia, en la vida y en el mundo. Y es una misión insustituible, igual que cada uno de nosotros somos únicos para el Señor. Sois sal de la tierra y luz del mundo, levadura que fermenta la masa, sois apoyo para el pobre y esperanza para el increyente, sois el Reino de Dios en medio del mundo. Vosotros marcáis la diferencia, y desde vuestra experiencia y vuestra vida podéis y debéis aportar mucho al mundo, a la sociedad y a la Iglesia.

Recordad que es muy importante empezar siempre por los más cercanos. La palabra «prójimo» significa «próximo», el que está cerca, el de al lado. Ahí comienza toda tarea de felicidad y santificación, de entrega y servicio. Puede que estés en condiciones de irte lejos, de misiones o de participar en algún voluntariado. Si esa es la voluntad de Dios, adelante. Pero no te olvides nunca de comenzar con los que tienes más cerca. Por ellos has de empezar. Te invito a que continúes tu camino por este mundo, que pases haciendo el bien, como Jesús, sembrando la semilla de la Palabra de Dios y «arrastrando» almas al cielo. Solo allí llegarás a ver lo fecunda que ha sido tu vida.

«Los cristianos no se distinguen de los demás hombres, ni por el lugar en que viven, ni por su lenguaje, ni por sus costumbres. Ellos, en efecto, no tienen ciudades propias, ni utilizan un hablar insólito, ni llevan un género de vida distinto. Su sistema doctrinal no ha sido inventado gracias al talento y especulación de hombres estudiosos, ni profesan, como otros, una enseñanza basada en autoridad de hombres.

»Viven en ciudades griegas y bárbaras, según les cupo en suerte, siguen las costumbres de los habitantes del país, tanto en el vestir como en todo su estilo de vida y, sin embargo, dan muestras de un tenor de vida admirable y, a juicio de todos, increíble. Habitan en su propia patria, pero como forasteros; toman parte en todo como ciudadanos, pero lo soportan todo como extranjeros; toda tierra extraña es patria para ellos, pero están en toda patria como en tierra extraña. Igual que todos, se casan y engendran hijos, pero no se deshacen de los hijos que conciben. Tienen la mesa en común, pero no el lecho.

»Viven en la carne, pero no según la carne. Viven en la tierra, pero su ciudadanía está en el Cielo. Obedecen las leyes establecidas, y con su modo de vivir superan estas leyes. Aman a todos, y todos los persiguen. Se los condena sin conocerlos. Se les da muerte, y con ello reciben la vida. Son pobres, y enriquecen a muchos; carecen de todo, y abundan en todo. Sufren la deshonra, y ello les sirve de gloria; sufren detrimento en su fama, y ello atestigua su justicia. Son maldecidos, y bendicen; son tratados con ignominia, y ellos, a cambio, devuelven honor. Hacen el bien, y son castigados como malhechores; y, al ser castigados a muerte, se alegran como si se les diera la vida. Los judíos los combaten como a extraños y los gentiles los persiguen, y, sin embargo, los mismos que los aborrecen no saben explicar el motivo de su enemistad.

»Para decirlo en pocas palabras: los cristianos son en el mundo lo que el alma es en el cuerpo. El alma, en efecto, se halla esparcida por todos los miembros del cuerpo; así también los cristianos se encuentran dispersos por todas las ciudades del mundo. El alma habita en el cuerpo, pero no procede del cuerpo; los cristianos viven en el mundo, pero no son del mundo. El alma invisible está encerrada en la cárcel del cuerpo visible; los cristianos viven visiblemente en el mundo, pero su religión es invisible. La carne aborrece y combate al alma, sin haber recibido de ella agravio alguno, solo porque le impide disfrutar de los placeres; también el mundo aborrece a los cristianos, sin haber recibido agravio de ellos, porque se oponen a sus placeres.

»El alma ama al cuerpo y a sus miembros, a pesar de que este la aborrece; también los cristianos aman a los que los odian. El alma está encerrada en el cuerpo, pero es ella la que mantiene unido el cuerpo; también los cristianos se hallan retenidos en el mundo como en una cárcel, pero ellos son los que mantienen la trabazón del mundo. El alma inmortal habita en una tienda mortal; también los cristianos viven como peregrinos en moradas corruptibles, mientras esperan la incorrupción celestial. El alma se perfecciona con la mortificación en el comer y beber; también los cristianos, constantemente mortificados, se multiplican más y más. Tan importante es el puesto que Dios les ha asignado, del que no les es lícito desertar»[2].

---

[2] *Carta a Diogneto*, 5—6.